W0276833

Gebrauchsanweisung für Kroatien

Jagoda Marinić

Gebrauchsanweisung für Kroatien

Piper München Zürich

CPI
Mehr Bäume.
Weniger CO_2.
www.cpibooks.de/klimaneutral

Mehr über unsere Autoren und Bücher:
www.piper.de

ISBN 978-3-492-27629-0
3. Auflage 2015
© Piper Verlag GmbH, München 2013
Redaktion: Antje Steinhäuser, München
Karte: cartomedia, Karlsruhe
Satz: le-tex Publishing Services GmbH, Leipzig
FSC-Papier: Munken Premium von Arctic Paper
Munkedals AB, Schweden
Druck und Bindung: CPI – Clausen & Bosse, Leck
Printed in Germany

Inhalt

ÖSTERREICH
Jadranska Magistrala
Autoput
ITALIEN
SLOWENIEN
Varaždin
UNGARN
Ljubljana
Zagreb
Samobor
Triest
Buzin
Hum
Opatija
Rijeka
KROATIEN
Slavonski Brod
Vukovar
Poreč
ISTRIEN
Rovinj
Krk
Senj
Fažana
Brijuni
Goli Otok
Pula
Plitvicer Seen
Kvarner Bucht
LIKA
BOSNIEN-HERZEGOWINA
Pag
Nin
Zadar
Knin
Dinara
Drniš
Cetina
Sarajevo
Šibenik
Sinj
Klis
Trogir
Mosor
Zagora
Split
Omiš
Makarska
Mostar
Perun
Brač
DALMATIEN
Makarska Riviera
Međugorje
Komiža
Hvar
Vis
Korčula
MONTENEGRO
Elaphiten
Mljet
Dubrovnik
ITALIEN
Podgorica

Statt eines ersten Händedrucks

Machen wir uns nichts vor: Kroatien ist nicht Italien. Was kein Nachteil sein muss. Denn nur weil es nicht Italien ist, packen Sommer um Sommer jeden August Tausende von Italienern ihre Koffer, um ihren »Ferragosto« an einem kroatischen Strand zu verbringen.

Es ist unter den Bewohnern der beiden Mittelmeerländer längst kein Geheimnis mehr, dass in diesem Teil der Adria die Strömung so verläuft, dass man in Kroatien den Meeresgrund sieht und in Italien die Algen. Die beiden Nachbarländer pflegen eine sympathiegetragene Rivalität, aus purer Lust an Kleinkämpfen und Abgrenzung. Die Italiener brüsten sich damit, einst, als ihre Kaiser und Könige kroatische Küstenorte als Altersresidenzen wählten, die Schönheit ins Land getragen zu haben. Die Kroaten kontern, dass die Schönheit der Natur offensichtlich schon damals auf dieser Seite des Meeres lag. Seit 2005 der beliebte Reiseführerverlag Lonely Planet Kroatien zur *Destination of the Year* kürte, lassen sich die Kroaten nur noch selten auf solche Diskussionen ein.

Während sich Kroaten und Italiener die Vorzüge des adriatischen Teils des Mittelmeers schon seit Jahrhunderten untereinander aufteilen, war Kroatien für viele Deutsche – bis vor Kurzem – ein weißer Fleck auf der Landkarte der europäischen Nachbarn. Natürlich gibt es einige, meist die in die Jahre gekommenen Eltern meiner Freunde, die früher mit ihrem blauen Käfer Cabrio in die Flitterwochen nach Jugoslawien gefahren sind und die nostalgisch werden, wenn sie meinen Namen hören, weil er Erdbeere heißt und sie an das Eis ihrer verliebten Zeiten erinnert. Doch bei den meisten fiel die Wahl damals auf diese Seite der Adria, weil die italienische noch nicht bezahlbar war. Das Ferienhaus kauften die Eltern meiner Freunde später trotzdem in der Toskana.

Heute sieht das anders aus. Kroatien ist längst nicht mehr das Italien der Armen, vielmehr ist es Italien de luxe. Viele Deutsche bauen sich ein Haus an der Küste. Jahr um Jahr klopfen mehr von meinen deutschen Freunden kurz vor den Sommerferien an meine Tür und beziehen mich in ihre Urlaubsplanungen ein. Meist klingt das so: Wo genau liegt eigentlich Kroatien? Soll ja schön sein, nicht? Richtig mediterran? Ich schüttle den Kopf, gehe zum Schreibtisch, hole meine zerfledderte Landkarte aus der Schublade und breite sie vor ihnen aus. Meist staunen sie in Ahs und Ohs, wenn sie feststellen, dass Kroatien gar nicht neben Rumänien liegt. Sie machen große Augen, wenn sie sehen, wie sich das Land entlang des Mittelmeers zieht wie eine endlose Meeresbucht, so schmal ist der Küstenstreifen, so klein die Inseltropfen, die aus dem blauen Meerwasser ragen und Namen wie Krk, Brač und Korčula tragen. Meine Freunde brechen sich zwar die Zungen beim Vorlesen der Insel- und Städtenamen, doch bald schon glauben sie mir: An keinem Punkt Europas ist das Blau der Karibik so nah.

Kroatien sieht auf der Landkarte aus wie ein Paar Hosen. Darauf wäre ich selbst nie gekommen, darauf brachte mich die Kroatischlehrerin meiner Kindheit. Doch ganz gleich, was ich von diesem eher profanen Bild halte, sobald ich auf die Karte sehe, erkenne ich seither ein Paar Hosen. Das rechte Bein ist das Küstenbein und das linke das Landesbein. Beide zusammen bilden Kroatien. Im Landesinneren zieht sich das linke Hosenbein an Slowenien, Ungarn und Bosnien-Herzegowina vorbei bis ans heutige Serbien. Laut meiner Lehrerin sollen diese Hosen von den Kroaten *pantalone* genannt werden. Ein Italianismus. Manche erklären sich durch dieses Bild und seine italienische Benennung sogar die emotionale Nähe zu Italien, denn die Küstenkroaten fühlen sich seit jeher als das Hosenbein am Stiefel. Und liegen damit naturgemäß obenauf. Die von Österreich-Ungarn geprägten Nordostkroaten um Zagreb herum wollen in der Landesform partout keine Hose erkennen, sondern ein Kipferl, woran sich bereits das Gefälle zwischen dem Nordosten und dem Süden des Landes ablesen lässt: Im Süden wüsste kein Mensch, was ein Kipferl überhaupt sein soll, während im Nordosten niemand das italienische Wort für Hose auch nur gehört haben will. Dass die Halbinsel Istrien dabei sowohl das Kipferl als auch die Hose sprengt, passt genau ins Bild, denn Istrien ist eine Geschichte für sich. Manche behaupten sogar, es sei ein Märchen. Doch dazu später.

Zunächst zu den Menschen. Kroatien soll nur knapp über vier Millionen Einwohner haben. Unter diesen knapp über vier Millionen, fast alle Kroaten, finden sich immer wieder solche, die bei Europameisterschaften und Weltmeisterschaften fast aller Ballsportarten die vorderen Plätze erobern. Selbst bis nach Übersee, in die weit entfernte Redaktion der New York Times, ist dieses Phänomen vorgedrungen. So schrieb im Vorfeld der diesjährigen Europameisterschaft einer der dortigen Journalisten eine Fußballhymne auf die kroatischen Fans und ihr Team. Denn jeder, wirklich jeder in diesem Team, so der Journalist, wolle Stürmer sein. Was für ein Land, jubelt er, so klein und doch voll von großen Träumern, für die Fußballer sein das eine ist, doch Torschützenkönig das Eigentliche.

Abseits zu stehen ist für Kroaten auch jenseits des Fußballs keine Option. So eilen sie in Zeiten der Euro-Krise allen Hiobsbotschaften zum Trotz der gemeinsamen Währung wie einem Heilsversprechen entgegen. Dass die anderen Mittelmeerländer inzwischen nicht nur geografisch zu den Rändern Europas zählen, interessiert sie nicht. Sie wollen dabei sein. Um jeden Preis. Gleichzeitig ist es ein Land von Individualisten, die sich von niemandem etwas vorschreiben lassen. Das monströse Regelwerk der EU lehnen sie bei jedem Kaffee mit Freunden lautstark und mit heftigen Gesten ab, doch wehe, die EU würde die Mitgliedschaft Kroatiens ablehnen. Der Trainer der Nationalmannschaft, Slaven Bilić, zahlt nach dem Spiel gegen den Lieblingsgegner Italien lieber eine Strafgebühr, als seine Entrüstung darüber zu verschweigen, wie wenig der Schiedsrichter im Spiel gegen Italien für das kroatische Team getan hat. Ein männlicher Fan stürmt nach dem Spiel gegen Irland den Rasen und kämpft sich durch zum Nationaltrainer. Dieser, zwar überrumpelt und sichtlich genervt, doch nicht unbeeindruckt, belohnt laut YouTube und bösen Zungen die Aktion mit einem Bruderkuss – und das als Trainer von einem als homophob geltenden Land.

Sie sehen schon, die Reise nach Kroatien wird kein leichtes Spiel. Doch Vorsicht, es birgt Suchtpotenzial.

Über *autoput* und Autobahn

Als Kind ging es für mich jeden gottverdammten Sommer nach Dalmatien. Dieses Dalmatien lag damals in Jugoslawien, das es heute nicht mehr gibt. Wenn die Eltern meiner deutschen Freunde danach fragten, wo meine Familie den Sommer verbrachte, antwortete ich: »In Jugoslawien.« Kaum war mir das Wort Jugoslawien über die Lippen gekommen, hellten sich ihre Augen auf, als hätte ich ihnen mit der Antwort einen Gefallen getan: »Über den *autoput*, wie wundervoll!« Was genau daran so wundervoll war, erschloss sich mir nie. Wir waren Jahr um Jahr nach über zwanzig Stunden Fahrt einfach nur froh, wenn wir heil in unserem Haus ankamen. Für die Deutschen jedoch war das Stichwort Jugoslawien ganz eng verbunden mit dem Zauberwort *autoput*, das Erinnerungen an die längst begrabene Abenteuerlust weckte. Sie hielten mir dieses Wort entgegen wie einen Abenteurer-Ausweis: Hier, seht nur, ihr werdet es kaum glauben, aber so waren wir, genau so, als wir noch jung waren und uns verliebt auf den Weg machten, die Welt zu sehen. Die Welt im Land nebenan. »Meeein Gott, der *autoput*!«, schwärmten sie. Manche holten sogar ihre vergilbten Bilder vor, auf denen sie, kaum wiedererkennbar, in kurzen Hosen und bemerkenswert schlank, meist an einem alten Käfer lehnten, alles Anfängerglück dieser Welt in den stolzen Gesichtern. »Mensch, was war das schön damals, als wir nach Griechenland gefahren sind …« Oder in die Türkei oder nach Bulgarien. Ich fragte mich, warum die Eltern meiner deutschen Freunde immer bei mir über den *autoput* ins Schwärmen gerieten, nur um mir wenig später zu sagen, dass sie zwar *über* mein Land, aber selten *in* mein Land gefahren sind.

Die erste jugoslawische Autobahn diente den meisten Deutschen nur als Brücke nach Griechenland, die Türkei oder den sonstigen Balkan. Erst als Erwachsene habe ich herausgefunden, dass dieser *autoput*, von dem sie immer sprachen, mit der kleinen Serpentinenstraße, die in mein dalmatinisches Hinterland führte, nichts, aber auch gar nichts zu tun hatte. Die Autobahn, die sie meinten, zog sich von Zagreb über Serbien tatsächlich bis nach Griechenland. Hätte mir damals einer erklärt, dass der *autoput* tief über das Inland verlief, hätte ich mich keinen Moment lang darüber gewundert, warum Jugoslawien nur das Brückenland war: Schön, das hatte man mir nämlich früh eingetrichtert, ist es nur am Meer. Vielleicht hätte ich die Eltern meiner Freunde einfach direkt fragen sollen, warum sie nie in Jugoslawien an der Küste Urlaub gemacht haben, sondern jedes Mal so tief runter ans Mittelmeer gefahren sind, aber sie haben die zwei t in *autoput* so seltsam ausgesprochen. Aus ihrem Mund, mit diesen deutschen Verschlusslauten in der Mitte und am Ende, klang *autoput* fast wie ein anderes Wort. Au-t-opu-t. Die haben keine Ahnung, dachte ich damals, sonst wüssten sie doch, wie man das richtig sagt. *Autoput*, das hieß, ganz gleich wie strahlend und wie oft nacheinander sie es aussprachen, nichts anderes als Autobahn. Stellen

Sie sich vor, Sie erzählen jemandem von Deutschland, und dieser Jemand steht kurz darauf jubelnd vor ihnen und ruft zig Mal nacheinander strahlend »Autobahn!«. Ja, genau! Sie wüssten nicht, wohin mit sich. Und noch weniger wüssten Sie, wohin mit dem armen Mann oder der armen Frau. So ging es mir. Jahr um Jahr. Zumal »put« wörtlich übersetzt mehr Weg bedeutet als Bahn, was der damaligen Straßenqualität und der Zeit, der es bedurfte, auf ihr voranzukommen, wohl auch eher gerecht wurde.

Der *autoput*, das war eine lange, berüchtigte Straße in schlechtestem Zustand. Doch lange nicht so schlecht wie die kleinen Landstraßen bei uns im dalmatinischen Hinterland, wo ein Schlagloch das nächste jagte, eine Leitplanke nach der anderen aufgrund diverser Konfrontationen aus der Form geriet. Im Hinterland hatte man nichts vom *autoput*; schmale Asphaltserpentinen waren der einzige Weg, der ans Ziel führte. In der Dämmerung oder den frühen Morgenstunden war es, als würde man über eine wie von Geisterhand erbaute Straße fahren. Karstige Hügel. Vereinzelt Steinhäuser. Gebirgsketten. Die wahren Abenteurer, davon hatten die Au-t-opu-t-Eltern meiner Freunde keine Ahnung, fuhren immer schon durchs Hinterland, dachte ich. *Autoput*, das war im Grunde etwas für begradigte Schwächlinge. Und die richtig Lebensmüden? Die fuhren die Küste lang. Auf der *Jadranska Magistrala*. Von Triest bis Montenegro geht das – theoretisch. Schwindelerregend nah am Meer fährt man die asphaltierten Felsstraßen ab. Man muss sich das etwa so vorstellen, wie man es von den Bildern kennt, die nach dem Autounfall der monegassischen Fürstin Gracia Patricia alias Grace Kelly um die Welt gingen. Auf ihnen sah man die Küstenstraße, die Zypressen und das traumhafte Meer. Genauso schön ist es. Genauso lebensgefährlich. Und genauso gleichgültig gegenüber all jenen, die sich auf diesen Straßen auf den Weg nach Süden machen. Schmale Serpentinen wie im Hinterland schlängeln sich hier über tausend Meeresmeter die Küste entlang. Die Deutschen nennen sie Adria-Magistrale. Ich wollte immer schon lieber die Magistrale entlangfahren als das Hinterland. Wer nicht. Magistrale, das hatte etwas Majestätisches, so wie der Blick auf das türkisfarbene Meer. An manchen Stellen sah man in den Felshängen jahrzehntealte Autoleichen, die irgendwann, auf ihrem Weg nach Süden, aus der Kurve gestürzt sein mussten und nie entfernt worden waren. Da lagen sie, diese alten Karosserien wie aus Herbies Zeiten, und kein Mensch interessierte sich für sie. So also, dachte ich damals, konnte es kleinen Familien wie der meinen ergehen, wenn sie vom Norden in den Süden fuhren. Als *kleine* Familie sah ich uns deshalb, weil die *großen* Familien für uns meistens in den vollgepackten türkischen VWs mit Berliner Kennzeichen saßen, bei denen wir uns ungläubig fragten, wie lange sie wohl schon auf den Straßen waren, das Gepäck bis obenhin gestopft, oft weit mehr als drei Kinder im Auto. Die Sachen, die in den Bus geladen waren, hätten für eine Zweizimmerwohnung gereicht. Zusammengepfercht saßen sie da, wurden von uns überholt und dabei schadenfroh ausgelacht. Mein Bruder und ich lehnten uns nach jedem Überholmanöver stolz zurück, beruhigt, dass es Familien gab, die weit uncooler waren als wir, bei denen das Reisetoilettenpapier sogar gut sichtbar hinter den Fensterscheiben lag und nicht unter dem Deckel des Kofferraums.

Früher, in diesen Zeiten, von denen die Eltern meiner deutschen Freunde schwärmen, da fing Kroatien spürbar an: Sobald ich über die Grenze war, sei es im Bus oder Auto, rumpelten mich die Schlaglöcher fast in den Schlaf. Meistens fuhren wir in Deutschland so los, dass wir bei Dunkelheit die Grenze nach Kroatien passierten und bei Sonnenaufgang ankamen, um nicht in der Mittagshitze durch das Land zu fahren. Die Qualität der Straßen ließ mit jedem Meter Richtung Süden nach. Ungeduldig erwartete ich das Holpern, denn Straßenholpern, das war der Anfang vom Süden. Ich spürte, wie mein Kopf mit jedem Loch, mit jeder Unebenheit etwas schwerer wurde und ich im Polster der Rückbank versank. In diesen Schlaglöchern, so wirkte es, hielt sich die Müdigkeit versteckt und kroch mit jedem Aufprall zu uns herauf. Doch kurz bevor mir die Augen zufielen, blendete mich das Scheinwerferlicht eines ungeduldigen Irren, der meinte, gerade jetzt einen weit über dem Tempolimit fahrenden Lkw überholen zu müssen, dabei Kurven und Gegenverkehr seinem ausschlagenden Tachometer unterordnete und mit Vollgas auf unserer Seite der Fahrbahn fuhr. Diese Überholidioten vertrieben mir mit ihren Scheinwerfern den Schlaf, denn irgendeiner musste auf meinen Vater aufpassen, und schon früh war mir klar: Kleine Mädchen haben auf solchen Straßen als Schutzengel über den Fahrer und die nächtlichen Straßen zu wachen. Mein Vater war mit diesen Nachtkamikazen nicht gerade zimperlich, attestierte, nachdem der frontale Zusammenstoß erfolgreich vermieden worden war, den Irren ein amputiertes Hirn, gottlose Lebensmüdigkeit und Egoistenalkoholismus, meist in dieser Reihenfolge. Nur wenig später schien er unbeeindruckt weiterzufahren, während ich mich sichtlich beeindruckt aufsetzte, kerzengerade zwischen ihn und meine schlafende Mutter. So bestarrte ich die Straßen, als könnte ich für ihn vor-sehen, ihm die Sicht freimachen, damit er jeden Irren, der gleich hinter der Kurve oder einem Lkw hervorschießen würde, frühzeitig sah. Noch als Teenager, als ich längst nicht mehr mit meinen Eltern, sondern mit dem Reisebus nach Kroatien fuhr, blendete mich früher oder später einer dieser Irren in die Kerzengerade: Schutzengelstellung. Gedanken an Schlaf undenkbar. Engel schlafen nicht.

Wer heute nach Kroatien fährt, tut dies über eine nagelneue, garantiert schlaglochfreie Autobahn. Nirgends auch nur die geringste Unebenheit im Asphaltboden, nicht einmal bei genauestem Hinspüren. Schon früh nach der Unabhängigkeitserklärung wollte die Regierung das Land durch eine Autobahn einen. So fahren die einstigen Irren inzwischen anständig, fein durch Leitplanken im Zaum gehalten, auf der anderen Seite des *autoput*, im Vergleich zu früher fahren sie fast schon in einer anderen Erdumlaufbahn. Ich dachte immer, wenn es eines Tages aufhört, auf der Autostraße zu huckeln, würde es nicht mehr die Einfahrt nach Kroatien sein. Es huckelt längst nicht mehr. Die Autobahn, die echte, ist bei uns angekommen und erleichtert das Reisen ungemein. Die Strecke von Zagreb nach Split nennt sich A1. Im Volksmund Dalmatina. Der *autoput* heißt immer noch *autoput* mancherorts. In Kroatien eher *autocesta*. Doch ganz gleich, wie die Straßen heißen, ob sie die Stoßdämpfer einer Prüfung unterziehen oder eher das Gaspedal, noch immer, kurz nach dem Grenzübergang, fängt der wilde Schlag meines Herzens an. Ich könnte schlafen heute, die Irren fahren hinter der Leitplanke und tun einem nichts mehr, doch wieder schlafe ich nicht, weil ich zwar keine Irren, aber durchaus etwas Irres verpassen könnte: den Moment, in dem die Sonne aufgeht und das türkisblaue Meer in den ersten Morgensekunden zwischen den Bergrücken hervorblitzt … In die Kerzengerade. Nur den Schutzengel, den braucht es so nicht mehr.

Streitdorf und Sommerland

Ich werde Ihnen jetzt natürlich nicht den genauen Namen meines Kindheitsdorfes verraten. Es muss zwischen Autorin und Lesern auch Geheimnisse geben, vor allem deshalb, weil Reisende das, was sie selbst entdecken, am meisten lieben. Daher werde ich Sie durch diese Gebrauchsanweisung für Kroatien lotsen wie durch ein Heiß-Kalt-Spiel. Ich werde Ihnen gerade so viel erzählen, dass Sie *fast* da sind, sonst müssten Sie ja nicht mehr hin.

Trotz allem sollten Sie wissen, mit wem Sie es zu tun haben und was ich mit dem Land zu tun habe, durch das Sie reisen möchten. Sie reisen durch mein Sommerland. Ich habe lange nur die Sommer in diesem Land verbracht, erst die Schulferien, später die Semesterferien. Dann ein halbes Jahr. Und erst sehr viel später die Winter. Es muss ja nicht schaden, dass ich Kroatien vor allem von der Sonnenseite kenne, denn ich vermute, das ist genau die Seite, die zu finden Sie sich aufgemacht haben.

Die Sommermonate, Juli und August, das sind die Monate, die ich am besten kenne. Monate trockener Hitze. Wie oft kam ich aus verregneten deutschen Sommern, den Glauben an Wärme und Hitze fast verloren, im Süden an, und es hieß: Du musst sparsam sein mit dem Wasser, es hat hier seit Monaten nicht geregnet. Seit Monaten nicht geregnet? Das klang wie eine Lüge, ein Ding der Unmöglichkeit, ein Raub an meinem Sommerleben, dachte ich manchmal, wer hatte mir denn dann all den Regen geschickt? So leid es mir tat, um das Land, die Bauern und die Ernte, ich war glücklich über die trockene Hitze, die warmen Nächte und die Flipflops an meinen Füßen.

Das kleine Dorf, aus dem meine Eltern stammen, wurde von der Slobodna Dalmacija, der bekanntesten Zeitung Dalmatiens, als Streitdorf porträtiert, das gab fast den nächsten Streit, doch im Kern der Sache war man stolz, es auf eine Doppelseite gebracht zu haben, ganz gleich, wie unehrenhaft der Anlass war. Der Titel des großen Aufmachers: Ein Dorf im Hahnenkampf. Es gab niemanden, der in diesem Dorf nicht schon bis aufs Blut zerstritten war – nur, um sich kurz darauf mit großen Gesten zu versöhnen. Denn wie sonst sollte man von Neuem streiten?

Das Gezeter begann schon bei den Mitbringseln für die Daheimgebliebenen. Im Sozialismus gab es einiges von dem, was es in Deutschland gab, in Jugoslawien nicht zu kaufen. Und so brachten wir, mal auf Bestellung, mal auf Eigeninitiative, etwas von den Sachen mit, die es nicht zu kaufen gab. Richtige Windeln zum Beispiel, solche, die man nicht waschen musste, sondern wegwerfen konnte. Natürlich hatten wir im Auto nur Platz für eine Packung, es wäre jedoch von Streitdörflern zu viel verlangt gewesen, für so eine banale Tatsache Verständnis aufzubringen. Am wenigsten die jeweils vier Geschwister meiner Eltern, von denen jeder mindestens drei Kinder stolz sein Eigen nannte.

Aus unserem bescheidenen Wunsch, eine kleine Freude zu bereiten, entfachte sich ein unbescheidener Familienstreit, eine Familienfehde beinahe, denn es war lautstark zu klären, weshalb die Schwester der Mutter mehr bekam als der Bruder des Vaters … Schon hing in den ersten Urlaubstagen der ohnehin schräge Familiensegen schief.

Wir Kinder flüchteten schnell aus dem Haus und unter die Dorfkinder, waren dabei in diesen zwanzigköpfigen Horden schnell auszumachen, weil wir die einzig pummeligen Kinder auf den Höfen und Straßen waren. »In Deutschland frisst man nur! In Deutschland frisst man nur!«, neckten sie und dichteten uns ganze Lieder über unser vermeintliches Dicksein an den Leib: »*Debo debeli* …« So fing das Lied für meinen Bruder an: »Dicker Dicker« hieß das. Doppelt hält besser … Und noch besser im Chor. Mit ganz viel Liebe für jedes Gramm Fett zwickten sie ihn in den Bauch. Meistens sangen wir mit, denn nach dem Lied wurde laut gelacht und Räuber und Gendarm gespielt.

Neben unserem Dicksein war, unmittelbar damit zusammenhängend, unser Deutschsein ein Phänomen. Als Deutsche galten in Kroatien die Schwaben. Widersprechen Sie also nicht entrüstet, wenn man Sie fragt: »*Švabo*?« Das heißt so viel wie: »Deutscher?« Der *Švabo* ist in Kroatien der Deutsche, ganz gleich, ob Sie Bayer, Ostfriese oder Sachse sind, in Kroatien sind Sie Schwabe. Wir Kinder wurden damals JugoSchwaben genannt. Zuerst Jugos, dann Deutsche, also Schwaben, reine Chronologie. Wenn wir in unseren jährlich wechselnden Opels die Dorfstraße hoch zu unserem Haus fuhren, sammelten sich auf dem Kilometer Strecke mindestens zehn Kinder an, die um unser Auto herumhüpften und uns beäugten. Als wir das Auto vor dem Haus abstellten, standen schon zwanzig großäugige Kinder da, um zu sehen, was wir aus dem Kofferraum holen und die Treppen hinauftragen würden. Wir waren die Sommerattraktion, der persönliche Wanderzirkus. Am Anfang hielten sie Abstand, die Zeigefinger oft am Mund, und staunten. Schon ein paar Stunden später war alles wie im letzten Jahr, unsere JugoSchwaben sind wieder da, erzählte man sich im Dorf. Geliebt und beneidet. JugoSchwabe, eine Wortschöpfung, die beides vereinte und mir klarmachte: Du bist eine von »uns« und noch etwas mehr als eine von »uns«. Oder vielleicht doch nur »so ein wenig« eine von »uns«. Keine »Neigschmeckte«, wie meine Schwaben zu mir sagten, sondern eher eine »Nausgschmeckte«? Dieser Blick von innen wie außen ist mir bis heute geblieben. Kroatien war lange ein Sommerland für mich, von dem ich vorwiegend die Sonnenseiten kannte. Ein Kindheitsglück. Das Land hat sich verändert. Jugos gibt es nicht mehr. Aber Schwaben. Ein Teil meiner alten Identität ist mir also geblieben. Die Kroatin ist, wie ihr Land, erst knapp über zwanzig Jahre alt. Und wird in diesem Jahr Mitglied der EU.

Orient und Okzident

Kaum lässt einer in Kroatien das Stichwort Europa fallen, beginnt schon das Reden über Orient und Okzident. Was hat Kroatien wie stark geprägt? Von Deutschland aus könnte man ins Schwärmen geraten: dieses Aufeinandertreffen der Kulturen, die Begegnung mit dem Fremden, die Spuren in der Sprache, Geschichte und Architektur des Landes. In Deutschland. Nicht so in Kroatien. Dort sind die Chancen hoch, nach dieser Frage den ganzen Abend mit nervenaufreibenden Diskussionen zu bestreiten. Sollten Sie auf die Idee kommen, in all das Verbalgezeter um die historischen Wurzeln noch den Balkan ins Spiel zu bringen, müssen Sie um den Erholungsfaktor Ihres Urlaubs fürchten. Ein Kroate wird Ihnen stundenlang, wenn Sie nicht abfahren, auch tage- oder wochenlang, ohne Rücksicht auf historische Fakten eröffnen, weshalb dieser grottenschwarze Balkan erst hinter der kroatischen Grenze beginnt und »Schwarze Katze, weißer Kater« von Emir Kusturica mit der kroatischen Lebenswelt rein gar nichts zu tun hat. »Schwarze Katze, weißer Kater«, das ist ein Film, den nur jene als Film über den Balkan feiern, die vom Balkan nicht die geringste Ahnung haben, wird es heißen, nur für jene, die glauben, wenn der Westen einen serbischen Filmemacher feiert, dann müsse der gut und erfolgreich sein, dabei habe dieser Filmemacher den Film doch nur so gedreht, weil er wusste, mit welchem Bild vom Balkan man im Westen Geld verdient... Ich rate Ihnen, an dieser Stelle des Gespräches auszusteigen, wenn Sie nicht streiterprobt sind. Kroaten lieben das Streiten. Und machen sich dabei keine großen Sorgen um die Freundschaft: Die akute Ablehnung ist absolut, das Vergessen des Streitthemas auch.

Selbst Altkanzler Schröder wurde verziehen. Der trat – trotz diplomatischer Ratgeber – in genau dieses Balkan-Fettnäpfchen. 2003 bereiste er das Land und erklärte den Beitritt Kroatiens zur Herzenssache. Bundeskanzler Schröder kam, ließ sich nach allen Regeln der Staatskunst hofieren, Kroatien zeigte sich an jeder Ecke von seiner wirklich allerbesten Seite, nur um am Ende des Staatsbesuchs Schröder in den Abendnachrichten Folgendes sagen zu hören: Kroatien ist ein wunderbares Land, es kann auf jeden Fall mit Rumänien und Bulgarien mithalten. Mit Rumänien und Bulgarien? Mithalten? Die Presse lief Sturm, die Kroaten schlugen Alarm: So einer will uns dabei helfen, in die EU zu kommen? Der weiß doch noch nicht einmal, wo der Balkan beginnt. Na ja, das weiß er vielleicht schon. Nur weiß er eben nicht, wo er für Kroaten beginnt: Rumänien und Bulgarien gehört für Kroaten zum Balkan – und Kroatien eben nicht. Nicht für die von außen. Von außen hat bitte niemand festzulegen, dass bei uns, an dieser einmaligen türkiseuropäischen Küste, der Balkan beginnt. Wenn jedoch einer von innen, ein Kroate selbst, sagt: »Hier beginnt der wilde Balkan!«, so ist das ein Statement. Dasselbe Statement aus dem Mund eines Nicht-Kroaten mutiert umgehend zur Beleidigung.

Ich bin einmal in Rumänien in einem siebenbürgischen Dorf einer kroatischen Reisegruppe begegnet und habe zu fragen gewagt, ob sie sich an die kroatischen Dörfer in Slawonien erinnert fühle. Die Antwort: »An unsere Dörfer??? Unsere Dörfer sind New York dagegen … Ach was: Parriiz! Das hier, das ist der lebende Balkan.« Das war nur eine meiner Lektionen über das kroatische Balkanverständnis. Diese Lektion wurde immer wieder – in schönen und weniger schönen Varianten – vertieft. Inzwischen habe ich sie gelernt. Ein Wunder, dass Schröder keinen kannte, der ihn wissen ließ: Kroatien gehört nicht zum Balkan. Schon gar nicht aus seinem Staatsbesuchsmund und vor dem ganzen Land in den Acht-Uhr-Nachrichten. Der Balkan beginnt auf dem Balkan, und der Balkan beginnt immer erst nach dem eigenen Grenzübergang Richtung Osten. Will sagen: Für Kroaten beginnt er in Bosnien. Für Bosnien beginnt er in Serbien. Für Serbien beginnt der wilde Balkan in Rumänien, Bulgarien, Makedonien, Albanien und dem Kosovo. Nicht zu vergessen: In Griechenland. Sie müssen sich das bitte gut merken, wenn Sie keine Lust auf Diskussionen haben oder sich hier und da als Kenner des Landes ausgeben möchten. Man wird Sie nicht ernst nehmen, sobald Sie Kroatien und den Balkan in einem Atemzug nennen. Gleich wird einer ausrufen: *Ma kakvi Balkan!* Was so viel bedeutet wie: Ach was, wo sehen Sie hier den Balkan? Es wird heißen: Den Balkan, den haben, wenn es ihn überhaupt gibt, die Geschichtsbücher erfunden! Dann wieder, sobald ein Kroate im Straßenverkehr jede zu beachtende Regel missachtet und dies den deutschen Beifahrer ärgern sollte, wird er Ihnen klipp und klar machen: »Wenn es dich stört, fahr eben nicht zum Urlauben auf den Balkan.« Das klingt für Sie widersprüchlich? Nun, die Nordeuropäer haben die Dialektik der Aufklärung und die Südosteuropäer die Dialektik an sich.

So, mit diesem Wissen kommen wir zur Sprache. Ja, in Kroatien spricht man Kroatisch. Klingt einfach, ist es aber nicht. Als Kroatien noch zu Jugoslawien gehörte, nannte sich die Hochsprache Serbokroatisch. In der SFRJ (Sozialistische Föderative Republik Jugoslawien) wurden die einzelnen Dialekte und Regionalsprachen zwar gepflegt, Serben malten ihre Buchstaben und Straßenschilder kyrillisch, doch ansonsten schrieb man lateinische Buchstaben und rechnete mit Zahlen. Das Konstrukt über allen Sprachen nannte sich »Serbokroatisch«. In Kroatien gab es damals schon drei vorherrschende Dialekte, die jeweils über das Fragewort »Was« benannt werden: *Ča*, *kaj* und *što*. Die Dialekte hießen damals wie heute: Štokavica, Kajkavica und Čakavica und wurden jeweils den Regionen zugeordnet. Die Endung *kavica* dürfen Sie dabei nicht mit dem Morgenkaffee verwechseln …

Besagte Dialekte wurden im Alltag gesprochen, die Standardsprache orientierte sich an der Štokavica. In Büchern und offiziellen Kontexten dominierte das für Jugoslawien geschaffene Serbokroatisch, das die Schnittmenge für alle jugoslawischen Länder war, auch für Slowenien. Die Slowenen sind unter den sogenannten Ex-YU-Ländern insofern eine Ausnahme, als die anderen Staaten untereinander durchaus in ihren Dialekten kommunizieren können, während die anderen mit den Slowenen nur deshalb reden können, weil die Slowenen mit ihnen reden können. Sie mussten in der Schule Serbokroatisch lernen, Slowenisch musste sonst niemand in Jugoslawien lernen. Aber Kyrillisch lesen und schreiben konnten alle.

Die Sprache. Sie ist auf diesem engen Raum ein Politikum wie viele andere Themen auch. Sie ist vielleicht das komplexeste, weil sie die Probleme, die in ihr versteckt liegen, noch im Gespräch reproduziert. Sobald einer einen Satz über die Sprache sagt, spricht er das Problem schon mit, weil er selbst einen Dialekt spricht oder die Hochsprache, weil jedes Wort ihn verortet. Immer neue Studien kommen zu dem Schluss, die Sprachen Ex-Jugoslawiens als Dialekte einer Sprache zu sehen. Doch kaum einer außer den Sprachwissenschaftlern möchte das glauben. Es will einfach nicht zur Politik und schon gar nicht zur Geschichte der letzten zwei Jahrzehnte passen. Je kleiner und ähnlicher die Länder, die aneinander grenzen, desto höher wohl die Notwendigkeit, aus kleinen Differenzen große Unterschiede zu machen. Sprache ist dabei das Mittel der Wahl, denn in Kroatien wird, wie auf dem restlichen Balkan, sehr sehr viel geredet. Anfängerfehler!? Pardon, ich wollte nur sichergehen, dass Sie noch immer mitdenken und Ihre Lektion gelernt haben. Natürlich habe ich hier Balkan mit Absicht gesagt, damit Sie empört und besserwisserisch ausrufen können: Nein!

Man kämpft um die Sprache. Wer darf wann, wo, wie sprechen ist die Frage, und dahinter steckt natürlich auch die: Wo kommt der, der hier spricht, eigentlich her? Die nationale Zugehörigkeit ist dabei ein Thema, das andere die soziale Schicht. Kroaten bringen ihr Klassensystem meist auf einen einfachen Nenner: Bist du Bauer oder Edelmann? Dabei betonen die Bauern stets, ein Bauer könne sich leicht als Edelmann ausgeben, umgekehrt nur schwer. Dieses Zitat tragen die Bauern, allen Gegenbeweisen zum Trotz, seit Jahrzehnten stolz vor sich her. Ob einer Edelmann ist oder nicht, steht und fällt eben, neben Kleidung und Manieren, auch mit der Sprache, die ein Zeichen für Bildung ist. Sie werden in Kroatien keinen schwäbelnden Politiker erleben, das nicht nur deshalb, weil er kein Deutsch spricht, sondern weil man in Kroatien auf der Führungsebene einfach keine Dialekte spricht. Während in Deutschland die regional eingefärbte Sprache gerade im Mund von Politikern besonders bequem liegt, weil es Vertrauen schaffen soll und Nähe zum Wähler, ist jeglicher Dialekt in Kroatien für Eliten verpönt. In Kroatien bringt einem das nur Spott und Misstrauen ein, gemäß dem Motto: Wenn da oben einer sitzt, der frei Schnauze redet, gar nicht viel besser als ich, dann könnte auch gleich ich selbst da sitzen und mich regieren. Die Hochsprache ist folglich die unangefochtene Herrscherin der Öffentlichkeit. Wer etwas kann, der kann alles, auch Hochkroatisch. Und wenn er das nicht kann, kann er uns auch nicht vorsitzen, so die gängige Haltung.

Das Ringen um das »richtige« Kroatisch spielt sich auch auf anderen Ebenen ab: Es gibt kroatische Dialekte auf e. Da spricht sich die Milch, die in der Hochsprache *mljeko* heißt, *mleko*, mit langem e. In Zagreb sprach man früher mit einem solchen langen e. Aber eben auch in Serbien, noch heute. Eine Zeit lang konnte es so in Zagreb, wenn einer Kaffee mit Milch bestellte, allein wegen eines langen e in der Milch zum Eklat kommen. Was das Problem an so einem schlichten, kleinen e ist? Folgendes: Nach dem Zerfall Jugoslawiens in Einzelstaaten gab es eine Rückbesinnung auf die einzelnen Dialekte als Sprachen. Es wurden alte Wörter aus der Vergangenheit geholt, die kroatischer sein sollten als die bis dahin gesprochenen; die besonders engagierten nationalen Sprachaufklärer nahmen sich der Sprachpflege des Reinkroatischen im Alltag an. Potenzielle Konflikte lauerten seither hinter jedem Wort. Mit uns JugoŠvaben war man einerseits nachsichtiger, es kam seltener zum Eklat, andererseits wurden wir nach jedem dritten Satz oberlehrerhaft korrigiert: Handtuch, das heißt doch nicht mehr *peškir,* sondern *ručnik* oder *šugaman*. Was bist du denn für eine Kroatin? Eine ganz neue eben, wie ihr alle, wollte ich antworten, doch ich kam nicht dazu, ich wurde schon wieder korrigiert. Guten Appetit hieß plötzlich nicht mehr *prijatno,* sondern *dobar tek* oder *u slast*. Selbst Frohe

Weihnachten sollte kroatischer *Čestit Božić als Sretan Božić* heißen. Die reinste Sprachverwirrung. Als wäre das neue Kroatisch der neuen Kroaten nicht genug, gab es noch die neuen Kroaten in Deutschland: sogenannte Gastarbeiter, die mir, sobald ich mit meinen neuen kroatischen Wörtern zurück nach Deutschland kam, genau diese meine neuen Wörter in die alten zurückkorrigierten. Hoffnungslos.

Es wird kaum ein Land geben, in dem über alle sozialen Schichten hinweg der Streit um die Sprache und um einzelne Lautverschiebungen ganze Tischgespräche füllen kann. Ob ein Sprachwissenschaftler über diese Gespräche glücklich wäre, sei dahingestellt. Sie als Tourist werden es jedoch gut haben. Sie werden einfach Deutsch sprechen, und man wird Sie bereits dafür lieben, dass Sie *Dobar dan* überhaupt aussprechen können. *Dobar dan* – Guten Tag. Lernen Sie zwei, drei einfache Worte mit Vokalen zwischen den Konsonanten darin, keine Zungenbrecher wie Krk, sondern solche, die Sie aussprechen können. *Voda* zum Beispiel, das Wasser. Oder *vino,* der Wein. Oder *bevanda,* die Weinschorle. Sprechen Sie dabei das V aus wie ein deutsches W. Die Kroaten werden Sie feiern, als wären Sie ein Sprachgenie. Oder ein geselliger Deutscher, was, geht man nach den kroatischen Klischees über Deutsche, zu den sieben Weltwundern gehört. Ach ja, einen Tipp noch, mit dem seit knapp zehn Jahren jedes kroatische Herz zu gewinnen ist: Wenn Sie Lob aussprechen möchten, egal wofür, tun Sie es einfach mit dem Satz: »Das ist europäischer Standard.« Das sagt sich, selbst auf Kroatisch, wirklich leicht. Sie sprechen folgende drei Worte aus: *»Bravo! Europski standard.«* Dabei ziehen sie anerkennend das Kinn in Richtung Brust, bis Ihr Mund sich mitsamt seinen Mundwinkeln vor Achtung zu einem A verzieht. Bestätigen Sie allem, was Ihnen gefällt, den europäischen Standard, sagen Sie das über den Kaffee, den Sie trinken, die Zeitung, die

Sie nicht lesen, den Liegestuhl, den Sie am Strand mieten oder auch nicht mieten, die Parkuhren, die neuerdings per Handy auch vom Café aus zu bedienen sind. Sagen Sie es, worüber Sie wollen, und Sie werden es in Ihrem Urlaub leicht haben! Merken Sie sich einfach das »*-ski*« am Ende von »*Europ-*«. Und vor allem das Gesicht: In Kroatien spricht man mit dem Gesicht. Den Augen dann und wann. Man fuchtelt zwar nicht ganz so wild mit den Händen wie in Italien, aber man zeigt dem Gegenüber durchaus gerne die neue Armbanduhr am Handgelenk. Immer wie nebenher. Beiläufigkeit ist die Tugend der Gelassenen.

Als wäre es nicht schon Arbeit genug, mühevoll die Unterschiede zwischen den ehemaligen Brüdern aus den sozialistischen Zeiten Jugoslawiens herauszustellen, müssen die Kroaten auch noch in alle anderen Richtungen Grenzen ziehen. Das mit Italien habe ich Ihnen schon eingangs erklärt. Österreich habe ich nur erwähnt. Aber ja, da ist natürlich noch das alte Erbe der k. und k. Monarchie, die grausam war. Doch älter und grausamer als alle anderen war die Herrschaft des Osmanischen Reichs. Um den Mythos, die Osmanen hätten es in Kroatien nie weit gebracht, am Leben zu erhalten, thronen alte Trutzburgen auf den Spitzen der Felsberge und werden sorgfältig erhalten. Klis ist eine solche Trutzburg. Man findet sie, wenn man vom Hinterland Richtung Split über die alte Straße fährt. Von dort oben hat man – vor allem nachts – eine atemberaubende Aussicht auf Split. Als ich das letzte Mal mit meinem Onkel die Burg besichtigte, erzählte er stolz, die Osmanen seien nie über diese Felsenkette gelangt. Klis wäre das Ende ihres Siegeszugs gewesen. Aber ins Hinterland sind sie schon gekommen?, fragte ich. Sofort verdunkelte sich sein Gesicht. Nein, sind sie nicht, dort sind sie an der Heiligen Madonna von Sinj gescheitert. Ich belasse es dabei. Die Osmanen sind das größte Feindbild. Es liegt nicht an der heutigen Türkei, sondern an der Geschichte der Region. Vertieft man sich in historische Wälzer, wird schnell deutlich, wie unvergleichbar grausam die Unterjochung der Bauern im Hinterland durch die Osmanischen Herrscher war. Da fühlte sich die nächste Unterjochung durch die Habsburger beinah wie eine Befreiung an. Die meisten Kroaten wollen davon nichts wissen, »den Türken« nicht in der EU. Die hätten nichts mit Europa gemeinsam, im Gegensatz zu den Kroaten, heißt es. Ja, die Osmanen haben die Region und die Sprache geprägt. Und ja, der kroatische Alltagsdiskurs ist alles andere als politisch korrekt. Sosehr man sich des osmanischen Erbes auch entledigen möchte, es ist immer wieder anzutreffen: Der *burek* gehört inzwischen zur kroatischen Küche. In Deutschland kennen Sie ihn als *börek*, hier hat man den Umlaut einfach behalten. Auch das kroatische Wort *taman* gibt es im Türkischen für »okay«. In Kroatien wird es als »passt schon« genutzt. Gefährlich nah dran. Kaffeesatzlesen und Mokkatrinken, auch das ein Erbe. Doch die meisten Kroaten wollen von diesen Einflüssen nichts wissen. Bei Drniš soll es sogar eines der ersten Minarette geben; fragt man die Kroaten in dieser Region, haben sie noch nie etwas von einem Minarett gehört. Keine Chance, dass einer zugibt, wie verankert die türkische Kultur und Sprache in seiner Geschichte oder gar in seinem Alltag ist. In den meisten Köpfen haben es die Osmanen nicht nach Kroatien, sondern nur bis an die Trutzburgen geschafft, dabei reden sie so, als seien die Trutzburgen Inseln, die Stellvertreterkämpfe für das Land geführt hätten, ohne je die Bevölkerung zu berühren. Die meisten Kroaten wollen keine Erinnerungen an diese Unterjochung, an Zeiten, in denen sie Untertanen waren. Nun sind sie endlich ein eigenständiges Land, warum von alten Herrschern reden?

Sie klingt absolut, die Verneinung der Einflüsse des Osmanischen Reichs, doch dann, man mag aus dem Staunen nicht herauskommen, sendet das kroatische Fernsehen dieses Jahr die erfolgreichste Telenovela aller Zeiten. Und was ist der Stoff, der die Nation vor den Fernseher zieht? Ganz Lateinamerika haben die Kroaten in den letzten zehn Jahren jeden Nachmittag in Telenovelas über den Bildschirm flimmern sehen, doch diesen Sommer eine bahnbrechende, die größte, die meistgesehene Telenovela je im kroatischen Fernsehen: eine über das Osmanische Reich. Die Verfilmung des Lebens von Süleyman I. war der absolute Fernsehhit. Ja, Sie lesen richtig. Dieselben Kroaten, die sagen, mit den Osmanen hatten wir nichts zu tun, die haben wir, wo es nur ging, mit Gottes Hilfe und Trutzburgen verjagt, genau diese Kroaten sehen sich als Jahreshighlight zur Prime Time Süleyman den Prächtigen an und wie er seine dreizehn Feldzüge plant.

Im Wohnzimmer meiner katholischen Familie, die überall und zu jedem Zeitpunkt klarstellt, bei uns sei alles von Grund auf römisch-katholisch und von Osmanen habe nie einer etwas gehört, sah das so aus: Die ganze Großfamilie saß diesen Sommer im Wohnzimmer des ältesten Sohnes (darauf kommen wir später noch zu sprechen: das Mehrgenerationenhaus) vor dieser türkischen Telenovela, die aus dem Stoff der alten Feldzüge gestrickt war. Und natürlich aus Tonnen von Taschentuchliebe. Wenn ich Großfamilie schreibe, meine ich damit drei Generationen Männer, Frauen und Kinder, die sich jeden Abend das Kämpfen, Lieben und Leiden von Süleyman dem Prächtigen ansehen. Sie weinen mit ihm, fiebern mit ihm und loben die Schauspielkunst der türkischen Nachbarn. Sie erkennen einzelne Worte wieder, lachen, weisen einander, sobald sie etwas verstehen und aus den Untertiteln herauslesen, darauf hin. Wenn ich dann behaupte: Unser *taman*, das ist doch ein türkisches Wort, drehen sich alle in meine Richtung, schütteln den Kopf: »Wie kommst du darauf, wir haben mit den Türken nichts zu tun.«

»Aber das da, ihr seht es euch doch gerade an!«, entgegne ich.

»Ach das! Das ist eine Serie über die Osmanen, die sind schon lange tot.«

So schneidern sie sich die Welt. Wenn Kroaten türkische oder russische Wörter in ihrer Sprache finden, dann wurden diese von den Serben in Zeiten Jugoslawiens in ihren Wortschatz geschleust. Mit Muslimen und Orthodoxen haben sich die kroatischen Katholiken nie vermischt, heißt es. Wie überall in Europa war einst Religion bedeutender für die Selbstdefinition als die Nation, das merkt man noch heute, wenn die zweite oder dritte Frage, die ein Kroate Ihnen stellt, die ist, ob Sie katholisch sind oder orthodox. Sie müssen eines verstehen: Die Kroaten sehen sich erstmals in ihrer Geschichte als ein eigenständiges, freies Land. Während der Jahrhunderte zuvor war – gemäß dem jetzigen Selbstverständnis der Kroaten – die Geschichte der Kroaten die Geschichte von Untertanen. Jetzt erst sind sie Herren. Und mächtig stolz darauf. Als frischgebackene Herren möchten sie jetzt nach Gusto und selbst bestimmen können, wessen Untertan sie früher waren – meist werden dabei nur jene Herrscher anerkannt, deren Erbe ihnen gefällt. Osmanen? Nein! Wir sind doch Katholiken! Zu 93 Prozent! Und übrigens haben wir uns immer eher zwischen den Österreichern und Italienern aufgerieben, wird es heißen. Von den Türken hat nie einer etwas mitbekommen. Ich nicke. Sie drehen ihre Köpfe zurück zu Süleyman, dem Leidenden, loben den Schauspieler und die Menschlichkeit, die in dieser Serie gezeigt wird.

Dialektik an sich.

Im Land der Regionen

Wissen Sie, weshalb Winnetou in Kroatien und nicht in den USA gedreht wurde? Weil das kleine Kroatien landschaftlich den ganzen Wilden Westen umfasst. Zumindest den von Karl May. Die landschaftliche Vielfalt wechselt auf engstem Raum, was die Reisestrecken für Filmteams drastisch verkürzt und so die Produktionskosten ins Unermessliche senkt. Auf diese Weise also kam Kroatien dazu, für Winnetou und zahllose Karl-May-Fans der Wilde Westen zu sein. Der Filmindustrie sei Dank. Winnetou verdankt Kroatien mindestens so viel wie dem *autoput*, wenn wir Winnetou nicht sogar den *autoput* verdanken. Das ist jetzt wirklich keine Anekdote, sondern eine ganz einfache Kostenkalkulation.

Der Wechsel der Landschaft, des Klimas, der Küche und auch der Temperamente vollzieht sich in der Tat rasant. Und markant. Der Werbeslogan »Das Land der tausend Inseln« ist nur eine Seite der kroatischen Landschaftsmedaille. Die andere ist die der tausend Regionen auf dem

Festland. Dabei ist fast jede Region auf der Landkarte so klein, dass sie mit einem Ein- oder Zweicentstück schon überdeckt wäre. Ich weiß, das sagt jetzt ohne die Angabe der Kartengröße nicht viel aus, aber Sie wissen schon, wie ich es meine. Klein – und vom Identitätsgefühl doch groß: Jede Region kocht, was das Zeug hält, isst, was das Zeug hält, und brennt Schnaps, was das Zeug hält. Doch jede auf ihre Art.

Was das Essen angeht, rate ich Ihnen, es der Queen gleichzutun und sich den *Drniški pršut* servieren zu lassen. Spanischer Serrano oder italienischer Prosciutto sind vielleicht miteinander vergleichbar, der dalmatinische *pršut* nicht. Der ist unvergleichlich. Den Geschmackstest übernahm die englische Queen höchstpersönlich: Zu ihrer Krönungszeremonie wünschte sie sich den dalmatinischen Schinken aus dem kleinen Örtchen Drniš auf das Tablett. Wollen Sie wirklich schlechter essen als die Queen, wenn Sie nicht müssen? Das Original ist zwar schwer zu finden, doch die Preise sind nicht königlich.

Es wird jetzt nicht leicht für mich aufzuzählen, was Sie unbedingt probieren sollten, weil ich unter all den Köstlichkeiten auswählen muss. Auf Ihrer Reise durch dieses Buch kann und werde ich Ihnen nur einiges nennen, doch auf Ihrer echten Reise müssen Sie von allem probieren, versprechen Sie's mir. Wenn Sie kroatische Freunde besuchen, werden Sie kaum darum herumkommen, Kroaten verstehen sich als Gastgeber nämlich so, dass sie einem nur das Beste stolz auf den Tisch stellen können, am liebsten auf Silbertabletts serviert und mit Zickzacktomaten drapiert.

Die kroatische Küche nennt man »Küche der Regionen«. Das ist eine hochtrabend klingende Namensgebung für ein recht einfaches Phänomen: Jede Region kocht und isst ihr eigenes Ding. Das lässt sich wieder durch die turbulente Geschichte erklären, auch aber durch die anderen Nachbarländer und die klimatischen Bedingungen. In Slawonien kochen die Leute gerne Suppen, Gulasch, Eintöpfe, wie man sie auch aus Ungarn und Bulgarien kennt. Die Slawonen haben es regnerischer, kälter, meist wurde in Großküchen gemeinsam gegessen und gesessen, was den Hang zum Eintopf erklärt, der stundenlang vor sich hin köchelt, während alle zusammensitzen. Bei einem Wintergemüse herrscht Einigkeit im Land: Fast ganz Kroatien setzt in der kalten Jahreszeit auf Wirsing und Kohl, und das in allen erdenklichen Variationen, bis einem – spätestens im Februar – nur noch eine einzige am liebsten ist: die ohne Kohl und Wirsing.

Istrien orientiert sich gnadenlos an Italien, behauptet jedoch, sie hätten's erfunden. In der dalmatinischen Zagora im Hinterland bereitet man auch mal einen *burek* für die Familie zu, nennt ihn dann jedoch *pita*, damit das Gebackene nicht mit den Türken in Zusammenhang gebracht wird. Die Osmanen haben auch den Mokka und das Kaffeesatzlesen bei uns gelassen, das ganze Dorfgesellschaften und ihre Zukunftsplanung beschäftigen kann. Dalmatien hält sich naturgemäß ans Mittelmeer.

Als Land der regionalen Sturköpfe, als das ich Kroatien gerne bezeichne, wäre es ja auch zu viel verlangt gewesen, sich auf ein paar Landesspeisen zu einigen. Nein, jede Ecke des Landes musste einen eigenen Dreh finden, etwas ausprobieren, was das Nebendorf noch nicht gewagt hat, und so auftrumpfen. Vielleicht ist das die mediterrane Ader, die da bei allen durchschlägt. Sie kennen sicher noch die Fairy-Ultra-Werbung, da kämpfen die spanischen Dörfer Villariba und Villabajo um das beste Spülmittel. Auch die Kroaten lieben den Wettbewerb, daher auch die fanatischen Sportler und Sportfans, aber jetzt bleiben wir noch beim Essen, wo sich die Lust am Wettbewerb spürbar bezahlt macht. Natürlich werden Besserwisser und Neider gleich fragen, wie originär die kroatische Küche überhaupt ist. Da die Osmanen, hier Österreich-Ungarn, dort Italien, Frankreich und das restliche Mittelmeer. Die Kroaten holen dafür immer den Trumpf mit der Queen aus dem Ärmel: Sie hätte ja auch den italienischen oder spanischen Schinken bestellen können, oder? Aber welchen hat sie bestellt? Den dalmatinischen … Wir Kroaten haben das Kochen vielleicht nicht erfunden, aber wir haben es perfektioniert.

Ich zähle Ihnen nur ein paar kulinarische Besonderheiten aus den verschiedenen Regionen auf, manch andere finden Sie in den Geschichten dieses Buches eingeflochten, aber die paar Köstlichkeiten, die ich Ihnen jetzt nenne, um die sollten Sie nicht herum. Und bitte, wenn Sie im Urlaub sind: Essen Sie nie unter »hausgemacht«. Das haben Sie und Ihr Magen sich verdient!

Kulen
Scharfe Paprikawurst aus Slawonien. Ich hätte sie fast vergessen, weil in Dalmatien kaum einer Kulen macht oder isst. Zur letzten EM plötzlich entpuppt sich der Freund eines Freundes als Kroate, und als wir gegen Italien nur 1:1 spielen, sagt er: »*Kulen*! Wir müssen jetzt den *kulen* meines Onkels köpfen.« Ich gehe einfach mit, obwohl ich ihn gar nicht gut kenne, und ich habe es keine Sekunde lang bereut. Er packt die Wurst aus, alte Platten von seinen Eltern, Geschichten von früher.

Kremšnite
Cremeschnitte. Milch, Sahne, Eigelb und Vanillecreme, und all das zwischen dünnstem Blätterteig. Am besten bei Vincek in der Ilica in Zagreb. Oder in Samobor, ein kleiner Ort nicht weit von Zagreb. Da stehen die Leute Schlange für diese mit Puderzucker gekrönte »Prinzessin unter den

Kuchen«. Reinbeißen. Dabei nicht an Österreich denken. Zagreb für das Leben lieben.

Čupavci
Bitte richtig lesen, das sind nicht die *čevapčići,* die in Kroatien ohnehin *čevape* heißen. Nein. Letztere sind die wurstförmigen Fleischbällchen, Ersteres die zerzaust aussehenden Küchlein. Kleine, simple Handreichungen für den Hausbesuch. Simpler gerührt als Marmorkuchen, weil die Kakaomasse fehlt. Man nimmt nur das Weiße, backt es auf, lässt es abkühlen und schneidet es in kleine, mundgerechte Würfel. Diese werden später in Schokoglasur gewälzt und in Kokosraspeln getunkt, dann auf einem Servierteller pyramidenförmig aufgetürmt … Mmmh. Gibt es bei Müttern im ganzen Land. Und nur da.

Crni rižot
Schwarzer Risotto. Er darf auf keiner dalmatinischen Hochzeit fehlen. Der Tintenfisch färbt den weißen Risotto schwarz. Manchmal sind noch andere Meeresfrüchte mit drin, doch am besten ist der schwarze Risotto, wenn nur der Tintenfisch in ihm eingearbeitet ist, der die schwarze Tinte in den Reis gespritzt hat. Diese Delikatesse kann man nicht überall essen. Man muss schon wissen, wirklich wissen, wie man sie kocht und vor allem: bei Hitze aufbewahrt. Sie sollten von daher immer nur die ehrlichsten Restaurants für einen Teller schwarzen Risottos aufsuchen, damit Sie auch nur den frischesten serviert bekommen. Am besten ganz nah am Meer.

Rožata
Fast liest es sich wie Risotto, ist aber eine Nachspeise, und Sie kennen es vielleicht als Crema Catalana. Oder Flan. Dieser stichfeste Eierkuchen, der auf der Zunge zergeht

und in Kroatien gerne mit ein wenig Orangensaft versetzt wird … Sie sollten, sobald Sie dieses Wörtchen auf der Dessertkarte stehen sehen, ohne zu zögern zuschlagen. Ich weiß, wir sind im Land der trockenen Sommerhitze, Sie riskieren viel, Hauptbestandteil dieser Nachspeise ist Ei. Aber … Eine *rožata* ist jede einzelne Salmonelle wert.

Pašticada
In Wein eingelegtes Rindfleisch mit *njoki*. Darf ebenfalls auf keiner Hochzeit fehlen. Das Rind muss so zart sein wie Tafelspitz, die Soße ein Weinfest und die *njoki* hausgemacht … *njoki* muss ich Ihnen nicht erklären, das verstehen Sie, sobald ich es Gnocchi schreibe.

Sarma
Das sind die Krautrouladen, die selbst in Deutschland jeden Winter von kroatischen Auswanderern zubereitet werden. Die meisten Kroaten legen das Kraut für die Wickel noch selbst in der Garage ein, weil es auf eine bestimmte Art sauer sein muss, und dieses Sauerkraut, das kann kein Deutscher so einlegen, heißt es … Worauf der große Unterschied beruht, kann ich Ihnen nicht sagen, vielleicht ist das besondere Sauerkraut nur eine Behauptung, dessen saure Blätter mit Fleisch und Reis gefüllt, gewickelt und weich gekocht werden … Es klingt schlicht, es schmeckt schlicht und doch …

Paški sir
Schafs- und Ziegenkäse von der Insel Pag. Die Salinen auf der Insel erhöhen den Salzgehalt der Weiden, auf dem die Ziegen und Schafe grasen, und so hat der Käse einen einmaligen, salzigen Geschmack.

Prošek – Desertno Vino
Aber nur von der Firma Dalmacijavino. Gibt es leider nur noch in meinem Keller, seit die Herstellung des einst größten Alkoholherstellers Dalmatiens eingestellt wurde … die restlichen Flaschen zwischen Split, Zadar, Dubrovnik und Sinj habe ich alle höchstpersönlich aus den Lagern geräumt. Aber wer weiß, vielleicht treffen wir uns ja auf Ihrer Reise.

Teran
Eine Rebsorte, die vorwiegend in Istrien angebaut wird. Wenn auf Ihrer Weinkarte Teran steht, zögern Sie nicht …

Na žaru
Das ist jetzt zwar kein Gericht, doch sollten Sie wissen: *Na žaru* heißt »gegrillt« und ist die Variante, für die Sie sich bei Fischgerichten entscheiden sollten. Ach ja, der Fisch. So viele Tipps und Tricks, um zu gutem Fisch zu kommen. Der hohe Preis ist leider keine letzte Garantie. Die müssen Sie sich vom Fisch höchstpersönlich abholen. Dafür bitten Sie den Kellner, Ihnen den Tagesfisch auf dem Tablett vorab zu zeigen. Wenn der Kellner dann dasteht, unter dem Arm die weiße Serviette, auf der Serviette die Silberplatte mit dem Fisch, dann schauen Sie ihm ganz tief in die Augen, dem Fisch. Und dem Kellner. Beim Fisch suchen Sie nach absoluter Klarheit, beim Kellner nach seinem Gewissen, damit er Ihnen später auch wirklich den Fisch auf den Teller legt, den Sie gewählt haben. Lassen Sie sich den Fisch vom Kellner zerlegen. In Kroatien ging einen Sommer lang ein Hit durchs Land, der eine Anleitung für das Zerlegen von Fischen war: *Odakle se čisti riba riba riba … Riba* – das ist der Fisch. Von welchem Ende her zerlege ich einen Fisch, fragte das Lied, vom Kopf oder Schwanz? *Na kraju je samo bitno, neka riba bude čista.* In dalmatinischer Gelassenheit war die Auflösung der Frage: Vom

Kopf oder Schwanz – Hauptsache, am Ende ist der Fisch sauber. Die Kellner zerlegen ihn dennoch so, als wäre das Fischezerlegen ein Kunsthandwerk. Sehen Sie sich das in Ruhe an, mit welcher Eleganz Ihr Kellner das Fischfleisch von den Gräten befreit, Ihnen Olivenöl neben den Teller stellt und dann gehen will. Bevor er geht, bestellen Sie bitte noch einen *Pošip Čara* von der Insel Korčula, am besten Jahrgang 2010. Und Sie fallen spät in der Nacht garantiert mit Schwimmflossen ins Bett …

Zugegeben, meine Lieblingsküche ist die traditionelle dalmatinische Küche, und diese Leidenschaft teilen viele mit mir. Das mit den Eintöpfen ist zwar sicher nicht jedermanns Sache, und da Sie im Sommer meist an der Küste sind, werden Sie auch kaum dazu verführt. Wozu Sie jedoch immer greifen sollten: zu den hausgemachten Suppen. Mein Vater saß früher jeden Sommer am Tisch und schimpfte über die gottverdammte Hitze im Land. Im heiligen Deutschland, wo er über den gottverdammten Regen schimpft, sei es nie so heiß. Trotz der Hitze aß er keine Mahlzeit, ohne vorher nicht einen Teller Suppe gegessen zu haben. Der Schweiß tropfte von der Stirn, die Beschimpfungen des Sommers wurden ausexerziert, aber niemals, auch nur annähernd, wäre es infrage gekommen, die Suppe auszulassen. Ohne einen warmen Teller Suppe ist alles nichts. Fleisch, Fisch, Ofengemüse, all das zählt erst, ist das warme Gemüsewasser im Bauch. So kriegen Sie im ganzen Land Suppen, von denen können Sie nur träumen, das hat nichts mit den Instantsuppen und auch nicht den Suppengemüsesuppen aus dem Supermarkt zu tun. Suppe heißt *juha*, und Sie fragen gleich dazu: *Domaća?* Hausgemacht? Ehrensache, wird es heißen. Auch wenn sich das mit der Ehrensache langsam legt und an den kroatischen Raststätten die Instantsuppen einiger Restaurantketten wie zum Beispiel *Marché* serviert werden. Nichts gegen die französischen Suppen, aber Sie wissen bereits: Wir haben sie perfektioniert. Suchen Sie lieber nach einem alten Restaurant, wenn schon nicht entlang der Autobahn, so doch an Ihrem Reiseziel. Die Suppen, die hausgemachten, sind ein Gedicht, so abgedroschen sage ich es Ihnen. Und schäme mich fast ein wenig dafür. Denn es fällt mir nicht ganz leicht, Ihnen das Essen anzupreisen, als wäre es alles, woran ich denke. Alfred Biolek, der übrigens auf derselben Waiblinger Schule war wie ich, sagte einmal, äußerst überzeugend: »Das Essen ist der Sex des Alters.« Und offen gestanden: Ganz so alt bin ich noch nicht.

Aber von einem muss ich Ihnen doch noch erzählen: Meine Leidenschaft für die dalmatinische Küche verdankt sich nicht nur dem guten und teuren Olivenöl, das von den Inseln kommt, nicht nur den Lämmern und Ziegen, die in den karstigen Bergen weiden. Auch der Zubereitungsart:

Ispod peke, zum Beispiel.

Unter der *peka* gemacht, heißt das. Die *peka* ist eine gusseiserne Glocke, die über die Speisen gesetzt wird und die man während des Bratens mit Glut abdeckt. Die meisten Häuser haben vor dem Haus eine Grillstelle, die man auch als *peka* nutzen kann, meist sind das kleine Steinhäuser, in die das Fleisch und die Kartoffeln kommen. Es riecht nach Feuerstelle, das Essen, bevorzugt nimmt man Lamm-, Kalb- oder Hühnerfleisch. Die Kartoffeln werden in Viertel geschnitten. Etwa eineinhalb Stunden brät das Fleisch unter dem gusseisernen Deckel. Die Kartoffeln dürfen dabei nicht zerfallen, das Fleisch muss von allen Seiten knusprig gebraten sein … Inzwischen haben viele kroatische Gastarbeiter in Deutschland Schrebergärten und sich dort ihre Feuerstellen gebaut. Ein »echter« Kroate kann ohne die *peka* nur halbwegs gut leben … Probieren Sie's unbedingt aus. Am besten bei Einheimischen, die Restaurants simulieren das Lebensgefühl nur, das im Haus und Hof von Kroaten zu finden ist … Dort sitzt man am Holzfeuer, lacht und redet, bis die Glut auf den gusseisernen Deckel gelegt werden kann, einer ist zuständig, immer ist nur einer zuständig, denn viele Köche verderben bekanntlich den Brei. Im Hof wird es also niemand wagen, die Sache in die Hand zu nehmen, doch trotzdem wird jeder seinen Kommentar in die Runde werfen: Leg den Deckel so, nein, so, zieh die Glut höher, um Gottes willen, mach doch noch nicht auf … Ach, du hättest den Deckel längst hochziehen sollen … Zuständige arbeiten bei uns unter Extrembedingungen und kontrolliert von zahllosen Augenpaaren … Der Vorteil: Kein Zuständiger will sich vor so vielen Augen blamieren – und am Ende schmeckt's.

So viel zum Essen von mir … Ab jetzt und alles Weitere müssen Sie probieren, probieren, probieren. Gehen Sie nicht in die Touristen-Restaurants, die von allem etwas anbieten, suchen Sie nach Gaststätten, die gestrig aussehen, denn meist sind sie das auch – und was das Kulinarische betrifft, ist das gut so. Jedes Restaurant, das von Pizza über Wiener Schnitzel, čevape bis Pommes mit Fisch alles bietet, sollte der erklärte Feind Ihrer Gaumenfreude sein. Kommen Sie bitte nicht, wie einige meiner deutschen Freunde, zurück und behaupten, das mit dem Essen sei in Kroatien nicht so gut. Es ist vorzüglich. Aber es kostet. Und braucht wache Reisende, die die Spreu vom Weizen zu trennen verstehen Wählen Sie klug und nicht nur das Sparsamste – und wenn Sie Letzteres doch tun, sagen Sie nicht, ich hätte Sie nicht gewarnt.

Die Familienmast

Sie können in Kroatien zwei große Alltäglichkeiten nicht voneinander trennen: das Essen und die Familie. Wenn Sie zur Familie gehen, dann gehen Sie essen. Und wenn Sie essen, sind Sie bei der Familie. Man isst nicht allein, man isst nicht in Restaurants, es sei denn, man feiert wichtige Geburtstage, Hochzeiten oder Jahrestage mit Familie und Freunden. Nein, man isst mit und bei den Seinen und weiß so, indem man zusammen isst, wie sehr man sich liebt.

Das werden Sie spätestens dann glauben, wenn Sie Ihre ersten Einheimischen kennenlernen, Freundschaft schließen und diese segensreiche Essensliebe der Kroaten am eigenen Leib zu spüren bekommen. Es ist kein leichtes Los, ich warne Sie. Aber zumindest lässt es Sie nicht hungrig.

Mit kroatischen Eltern können Kinder keine Grundsatzdiskussionen über das Familienleben führen. Jeder Grundsatz wird heruntergebrochen auf Grundnahrungsmittel. Sagt ein pubertierendes Kind zu seiner Mutter: »Du bist doch nie für mich da!«, verschwindet die Mutter sofort in der Küche und stellt dem Kind eine halbe Stunde später eine Suppe auf den Tisch. Das Gleiche tut sie für das zweite, dritte, vierte und fünfte Kind, wenn es sein muss. Jedem die Lieblingsspeise. Sagt das Kind daraufhin: »Ich wollte keine Suppe, ich wollte dich!«, wird sie ihr Kind verständnislos ansehen, auf das Essen zeigen und sagen: »Da hast du mich doch.« Zwei Minuten später wird sie in der Küche den dalmatinischen luftgetrockneten Schinken anschneiden als Beweis für ihre grenzenlose Liebe.

Man liest immer wieder, die Familie sei in Kroatien auch nicht mehr das, was sie einmal war, und Kinder kämen auch keine mehr zur Welt. Ich kann das so nicht bestätigen. Ich kenne keine kroatische Familie, die nicht mindestens zwei Kinder hätte und nach wie vor die Häuser so baut, dass man es in Deutschland Mehrgenerationenhaus nennen und ganze Konzeptpapiere für nachbarschaftliches Zusammenleben dafür entwerfen würde. In Kroatien heißt das einfach: »Meine Mutter wohnt bei uns im Haus.« Die Familie gehört zusammen. Man könnte fast meinen, das jahrelange gemeinsame Essen sei der heimliche Klebstoff, der sie unauflöslich zusammenhält, denn sie kommen einfach nicht voneinander los. Man liebt sich, hasst sich, streitet und lacht. Aber man gehört zusammen. Unauslöschlich: Wenn in Kroatien Teenager schreiend aus der Wohnung laufen und verkünden, sie gehörten nicht mehr zur Familie, dann sitzen die Eltern nicht zwei Stunden später bei Freunden und holen sich Rat, sondern sie sitzen mit diesem Teenager am Tisch und füttern ihn. Wenn die Mutter dann den leeren Teller vom Tisch räumt, stellt der Vater nur klar: Von uns kannst du dich nicht lossagen. Kroaten sagen an dieser Stelle sogar wortwörtlich »reinwaschen«: Familie, das ist der Dreck, den man nicht sauber kriegt. Punkt.

Wie sehr sich Familien zusammengehörig fühlen und wie geradezu materiell das ist, zeigt sich auch in der Namensgebung der Kroaten. Wie ich vom Essen zu den Namen komme, erzähle ich Ihnen erst ganz am Ende, jetzt erst einmal eine kleine Einweisung in die Nachnamensgebung der Kroaten: In unserem Dorf, als kleines Mädchen, da nannte mich kaum einer aus der Generation meiner Eltern Jagoda. Da hieß ich *Ivanova*. Die Endung *-ova* ist im Tschechischen die Endung für den Nachnamen von Frauen. In Kroatien ist es einfach ein Genitiv für Frauen, die einem Mann gehören. *Ivanova*, das heißt also: »Die des Ivan«. Ivan ist der, zu dem ich gehöre. Dem ich gehöre. Mein Vater. Kinder sind Besitztümer. Sie gehören nicht nur *zu* dir, sie gehören dir. So bauen sich die slawischen Kulturen *die Endungen* ihrer Nachnamen gerne nach dem Vater oder der Mutter. Manche slawischen Sprachen unterscheiden im Nachnamen noch den Mann und die Frau; *-ov* und *-ova* beispielsweise bei den Tschechen. Die meisten Deutschen denken, kroatische Namen enden alle auf *-ić*. Das tun sie jedoch nicht. Geschätzte zwei Drittel tun es. Und warum habe ich Ihnen nun erzählt, dass der Genitiv auf *»-ov(a)«* endet, wenn kroatische Nachnamen diesen Genitiv gar nicht verwenden? Bemerkenswerter als die Tatsache, dass nicht alle, aber doch die meisten Nachnamen in Kroatien auf -ić enden, ist der Fakt, dass sie es außerhalb der ex-jugoslawischen Länder in keinem slawischen Land tun. Was also könnte das -ić bedeuten? Die Kroaten haben sich bei der Namensgebung statt für den Genitiv dann doch lieber für die Verniedlichungsform entschieden. Das -ić ist wie das deutsche -chen. Heißt also wieder: Die Kleine des … Die Miniatur. Viele Amerikaner haben ihre -ić zu -ch gemacht, damit auch die anderen Amerikaner es verstehen. John Malkovich zum Beispiel. Wahrscheinlich ist er deshalb berühmt geworden, weil er nicht erklären musste, wo das Häkchen auf seinem c herkam. Denn was hätte die Medienwelt mit dem kleinen Malkov getan? Lieber den großen John Malkovich. Das -ić ist also ähnlich wie das -son der Skandinavier. So einfach ist es mit dem -ić. Vielleicht machen das die Menschen in kleinen Ländern so, weil dort bis an die Landesgrenzen jeder jedem bekannt ist. Oder eben keiner seine centstückgroße Region verlässt und der Vorname des Vaters als Miniatur für die Zuordnung des Kindes reicht, das »das des Vaters oder der Mutter« ist. Womit wir zurück beim Essen wären: Wenn die Kinder die kleinen Eltern sind, müssen sie gut gefüttert werden, ja geradezu gemästet, damit sie eines Tages so groß und stark wie die Eltern sind.

P.S.: Für Vegetarier:
Ich versichere Ihnen, so wahr ich hier sitze und schreibe, die Situation für Vegetarier hat sich in Kroatien merklich verbessert. Sie werden nicht mehr verstoßen und vom Tisch gejagt, weil römisch-katholische Familienoberhäupter davon ausgehen, Sie seien ein Moslem in geheimer Mission. Sie werden auch in Restaurants nicht mehr beschimpft, wenn Sie sagen, Sie essen nur Salat. Als ich, kurz vor dem Abitur, meine deutsch-ägyptische Freundin, die nur aus Mode Vegetarierin war, mit zu meiner Familie nahm, war sie wochenlang Gesprächsthema Nummer eins: Wieso sie nur niemandem erzählen will, dass sie eine Muslimin ist. Ich bestand darauf: Sie ist nicht Muslimin, sie ist Vegetarierin. Aber warum isst sie dann nicht unsere Berge von Fleisch? Sie lügt. Und das ist, was die Küche angeht, das einzige überregionale und somit nationale Phänomen: Vegetarier werden als Lügner entlarvt. Niemand verzichtet freiwillig auf Fleisch. Wenn er nicht Moslem ist, muss er krank sein. Ein Sommerhit hat versucht, Aufklärungsarbeit zu leisten: *Anka Vegetarianka.* Darin besingt einer den kulinarischen Wiesenwahn seiner Freundin. Zugegeben, auch der Aufklärer hatte noch einiges zu lernen, zum Beispiel, dass Vegetarier nicht Gemüse essen, um abzunehmen. Aber immerhin sagen die Kroaten inzwischen, wenn Sie

einen Vegetarier zu Gast haben, nicht mehr hinter seinem Rücken Moslem oder Lügner zu ihm. Sie sagen es einem direkt ins Gesicht: *Ah, Anka Vegetarianka.* Dass ein Mann Vegetarier sein könnte, das kommt sowieso noch nicht in die Tüte. Wo sollte er denn aus dem Gemüse die Kraft hernehmen, ein ganzer Mann zu sein?

Wo geht's jetzt lang?

Die Küche der Regionen ist natürlich nur eine Seite der Regionen an sich. Und das mit den tausend Regionen war natürlich, ganz in kroatischer Manier, völlig überzogen. Das Land mit knapp 57 000 Quadratkilometern Fläche ist in 21 Regionen unterteilt. Die Regionen sind vergleichbar mit den Countys aus den USA. Ich komme auf Countys, weil manche Straßenschilder an den Wilden Westen erinnern. Oder die Nachmittagsserie »Colt Seavers«. Wissen Sie noch, der Stuntman, der mit der blonden Jody Banks, die immer in der Flügeltür stand? Die Straßenschilder in Kroatien, wenn Sie nicht gerade Autobahn fahren, erinnern noch immer an den Wilden Westen: Da stehen Sie also an einer Kreuzung, an dieser Kreuzung stehen drei Pfeile, die in drei verschiedene Richtungen zeigen, und alle tragen sie den Namen der gleichen Stadt. Jetzt fahren Sie bitte los. So manchen deutschen Touristen haben diese Kreuzungen schon zur Weißglut gebracht, da sah man dann, wie im Auto vor einem der Fahrer mehrfach mit dem Kopf gegen das Lenkrad schlug. Dabei steht in Deutschland an solchen

Stellen einfach »Alle Richtungen« – und da schlägt auch keiner mit dem Kopf gegen das Lenkrad, aber so ist das nun einmal in der Fremde, es wird schon deshalb schwieriger, weil das, was man kennt, anders heißt. Doch keine Sorge, solche Straßenkreuzungsjuwelen finden Sie bald nur noch im Hinterland. Und in Bosnien. Kommen Sie lieber bald nach Kroatien, wenn Sie noch einmal mit aller Überzeugungskraft mit der Stirn Ihr Lenkrad küssen möchten.

Die 21 Regionen teilt man in Nordwestkroatien, Mittel- und Ostkroatien und das Adriatische Kroatien ein. In Kroatien heißt die Adria *Jadran.* Auf Kroatisch heißen die 21 Kleinregionen *županje,* das sind auf Deutsch »Gespanschaften«. Oder Landkreise. Die EU bricht diese mühevoll errichteten Regionen aus 21 Gespanschaften auf ganze drei Regionen herunter, weil jede statistische Region für die EU über 800 000 Einwohner aufbringen muss. So viel zum Sinn und Unsinn des bürokratischen Zwangs auf regionaler und supranationaler Ebene. Supranational, das ist die EU. Die kurzum all die kleinen Regionen wieder in einen Topf schmeißt, was nichts daran ändert, dass diese, bis in die kleinsten Einheiten, ihre Traditionen und Eigenheiten hegen und pflegen.

Für Sie und diese Gebrauchsanweisung reduzieren wir diese mit bürokratischem Eifer mühevoll errichteten regionalen Einheiten auf die wichtigsten für Touristen: Istrien, Kvarner Bucht, Zadar (Norddalmatien), Split (Mitteldalmatien), Dubrovnik (Süddalmatien) und die kroatischen Inseln. Die Inseln sind eine eigene Einheit, denn Kroatien hat tatsächlich 1185 Inseln, von denen nur etwa 65 bewohnt sind. Slawonien sollten Sie auch bereisen, gerade wer das Land aus seiner jüngsten Geschichte verstehen möchte, kommt um Vukovar und Slavonski Brod nicht herum. Doch für die meisten Touristen ist die Reise nach Kroatien die an Kroatiens sommerliche Küstenseite.

Das mit den Regionen ist immer auch im Zusammenhang mit den historischen Wechseln der Herrscher zu sehen: hier die Venezianer, dort die Habsburger und dann wieder die Osmanen. Die Großmächte kämpften um ihre Untertanen und Kilometer, und die Kroaten passten, je nach Wetterlage, ihre Gewohnheiten den Herrschern an. Vordergründig. In der Substanz blieb der Kroate immer gleich, denn in der Substanz konnte er sich ja auf keinen Herrscher, sondern nur auf sich selbst verlassen. Er brauchte diese Substanz, daher auch die Sturheit der Kroaten: um zu wissen, wie man dem nächsten Herrscher klug – und ohne Schaden an der eigenen Substanz zu nehmen – den Untertanen vorspielt.

So kann man keinem Kroaten heute vorwerfen, er drehe sein Fähnchen einfach nach dem Wind, sei bauernschlau und meistere die alltäglichen Hindernisse mit ausgefuchster Raffinesse. Es ist ein jahrhundertealtes Programm, zu wissen, was man wann am besten sagen kann. Für Sie bedeutet das: Kaum einer wird Ihnen sagen, was er wirklich von Ihnen hält. Das kann für Sie nur von Vorteil sein und für den sommerlichen Kontakt durchaus angenehm. Doch auch da ändert sich allmählich die Mentalität. Früher hieß es stets: Zu Hause sagen wir, was *wir* wollen, und draußen sagen wir, was wir denken, das *die anderen* hören wollen. Heute üben die Kroaten sich darin, auch draußen zu sagen, was sie denken. So war die kroatische Unabhängigkeit fast das Ende der kroatischen Nachbarschaft: Während man früher dem Nachbarn das Blaue vom Himmel heruntergelogen hätte, nur um ihn für sich zu gewinnen, wirft man ihm heute alles, was einen stört, an den Kopf und sagt am Ende: »Das hast du jetzt von der Demokratie!« Verstehen können Sie das nur, wenn Sie sich klarmachen, dass es über Jahrhunderte nichts Wichtigeres gab, als kluge Bündnisse zu schmieden, Aversionen für sich zu behalten oder gar zu überspielen. Man wusste nie, gegen wen man am nächsten Tag kämpfen würde, wer einen am gestrigen Tag vielleicht verraten hatte. Wendig, raffiniert, familiär-gesellig und vertrauenerweckend, doch nie vertrauensvoll, so waren die Jugoslawen untereinander. Dass sie noch gegen den eignen Nachbarn kämpfen sollten, kam für viele trotz allem überraschend. Als Tourist muss man sich über die neue Offenheit keine Sorgen machen, schon gar nicht als Deutscher. Die Deutschen haben Kroatien als Erste anerkannt. Pioniere waren bei uns immer beliebt, und im Gegensatz zu den anderen Mittelmeerländern wird Deutschland als Heilsbringer gesehen … Sie sehen also, besser werden Deutsche derzeit in keinem mediterranen Land Europas empfangen.

Doch es waren nicht nur die Herrscher, die kommen und gingen, die das Land der Regionen so stark prägten, es waren auch die unterschiedlichen Gegebenheiten des Klimas und der Natur. Während die Gebiete in Slawonien, dem flachen, fruchtbaren Land zwischen dem heutigen Ungarn und Bosnien, als Kornkammer Kroatiens galten, nannten die Bauern im dalmatinischen Hinterland nur hügelige Landschaften, Karst und regenarme Monate ihr Eigen. So wurden aus den Südkroaten harte Überlebenskämpfer, die lange in einfachen Steinhäusern im Hinterland lebten, während die Slawonen schon Häuser bauten wie in deutschen Weindörfern. Die dalmatinischen Steinhäuser finden sich inzwischen als Ausstellungsobjekte in ethnografischen Museen, ganze Ethno-Dörfer werden sogar für den Tourismus rekonstruiert, insofern hat das karge Land zumindest den Touristen heute etwas gebracht. Der Tourist heute hat den Südkroaten viel gebracht, weil sie sich auf ihn statt auf ihren trockenen Boden und das Vieh konzentrieren konnten.

Es ist grundverschieden, das Lebensgefühl, die Menschen. Im Osten Kroatiens sind Flüsse ein Lebensgefühl, im Süden die kargen Berge und das Meer. Im Süden die trockene rostfarbene Erde und Olivenbäume, im Osten das Gras, die Bäume und das Baden in schlammigen Gewässern. »Gen Osten« heißt eine der Geschichten des jungen kroatischen Autors Roman Simić, der aus Zadar in Dalmatien stammt. Er beschreibt darin die Gerüche und Farben Slawoniens, die ihm erst seine Frau nahegebracht hat. Seine Frau verbrachte ihre Kindheit in Vukovar. Wie ein gänzlich fremdes Land beschreibt er die Geburtsregion seiner Frau, die Gerüche, Düfte, Speisen sind ihm ganz neu. Auch die Spuren, die der Krieg hinterlassen hat, sind hier noch tiefer. Der Friedhof Ovčara legt Zeugnis ab davon. Seine Frau hat ein viel beachtetes Buch geschrieben über die Zeit, als in Slawonien der Krieg in die Städte zog. Ovčara ist der Friedhof, auf dem auch ihr Vater liegt.

Das Klima im Osten: kontinental. Die Küste hingegen: mild und mediterran. Die Wetterscheide zwischen den beiden Teilen des Landes ist der Učka-Tunnel. Hier bricht sich das Sonnenlicht, und zwar so, dass es immer nach Dalmatien fällt. Während es vor dem Tunnel immer wieder regnet, findet sich hinter dem Tunnel das trockene dalmatinische Sonnenland. Bis spät in den Herbst. 300 Sonnentage im Jahr. Früher, als alle von der Landwirtschaft lebten, war das natürlich nicht nur ein Segen. Doch heute, da man vom Tourismus lebt, lachen sich die Dalmatiner ins Fäustchen und sagen, sie verdienten ihr Geld mit einem Schlüssel in der Hand: dem Schlüssel, den sie den Touristen für die Apartments geben. Die Wetter- und Mentalitätsgrenze zieht sich in einzelne Charakteristika: Während der Nordosten sich als fleißig, europäisch und zivilisiert feiert, gelten die Küstenkroaten als Faulenzer, Tagträumer und Taugenichtse, denen es nicht einmal in Zeiten des Massentourismus gelingt, aus den Geschenken der Natur Kapital zu schlagen. Ihre Gemüter sind allerdings so sonnenverwöhnt, dass sie sich aus all diesen Vorwürfen nicht das Geringste zu machen scheinen. Im Gegenteil, sagen sie, die Trägheit ist Teil der mediterranen Magie. Arbeiten soll man im verregneten Norden, leben im sonnigen Süden, sagen sie gerne und schlagen dabei die gebräunten Beine übereinander.

Übrigens, eines darf man hier nicht vergessen: Wenn Sie durch Tunnels fahren, ganz gleich welche, kleine oder große, sehen Sie davor ein kleines braunes Schild mit einem tapsenden Bären darauf. Das sind die offiziellen Verkehrsschilder für die Bärenbrücken. Ja, in Kroatien – es gibt um die 900 Braunbären in den Wäldern – wird den Bären über die Tunnel eine Brücke gebaut. Manchmal ist der Tunnel eine Bärenbrücke, und manchmal ist die Bärenbrücke einfach eine Bärenbrücke – und kein Tunnel. Letztere sind mir besonders lieb.

Zagreb. Immer ein Stockwerk kleiner als Wien

Bevor wir über Zagreb sprechen, würde ich gerne einen kleinen Crashkurs mit Ihnen absolvieren, etwas wie Kroatisch für Anfänger. Und das ganz ohne Sätze. Nur Phonetik. Der Gedanke, Sie könnten all diese Kapitel über im Kopf von *Tsagreb* sprechen, macht mich offen gestanden etwas nervös. Es ist das Z in Kroatien ein Zzzz. Eher wie das Summen der Bienen in Kinderbüchern als ein Zett. Zzzz. Aus diesem Zzzz ziehen Sie ein langes A heraus: Zzzaaagreb. Kein kurzes A und ein zackiges Ts, sondern ein stimmhaftes Zzzz und im Anschluss: ein faules, bequemes Aaa. Ja, genau. Jetzt haben wir es. Zagreb also.

Dabei war ich selbst ein dalmatinischer Ignorant. Ignorantin. Nicht, was die Aussprache betrifft, sondern die Stadt an sich. Ich war eine dalmatinische Ignorantin, wie sie im Buch der kroatischen Vorurteile steht. Mein Horizont endete vor der Bergwand im Hinterland, öffnete sich nur, wenn ich an die Küste fuhr, zu den Fischern, Booten und Stränden. Zagreb, das lag weit hinter dem Bergrücken, der meine Welt umschloss. Bis ich mit Anfang zwanzig dachte, die Hauptstadt dieses Landes wäre auch eine Reise wert. Und sie ist es. Weit mehr als eine.

Diese Stadt hat mich nicht im Sturm erobert, zumal das erste Mal, da ich sie betrat, die Fassaden lange nicht so restauriert daherkamen wie heute. Es war eine triste Hauptstadt hier und dort, die Fassaden bröckelten nicht nur, stellenweise fielen sie ab. Der Blick in die Hinterhöfe versprach eher Verfall als Romantik. Es war eine verwundete Stadt, eine vernachlässigte mitunter. Ich wollte in den ersten zwei Tagen mit so einer Stadt nicht viel zu tun haben, wie spießige Eltern, die ihren Kindern das Spielen mit Schmuddelstraßenkindern verbieten. Und gerade das macht die Straßenkinder zu etwas Begehrtem. Es dauerte einige Tage, bis mir die römischen Einflüsse Dalmatiens nicht mehr fehlten, der weiße Marmor der Küste nicht und selbst das Meer nicht. In Kroatien sein und das Meer nicht erleben? Vorher schien mir das undenkbar, eine einzige Verschwendung meiner kostbaren Sommerferien, zumal die Zagreber Kroaten selbst in den heißen Monaten ihre Koffer packten und an die Strände fuhren. Was zur Hölle tat ich also im Hochsommer hier? In dieser Ecke des Landes, die mehr an Österreich erinnerte als an den Süden, die nicht wirklich eine kleine Schwester von Wien sein wollte, nicht wie Budapest sein wollte, sondern allenfalls eine entfernte Cousine der österreichisch-ungarischen Baukunst?

Jahre später saß ich mit meinem Übersetzer Boris Perić, ein wandelndes Etymologie-Lexikon und versessen auf historische Details, in der schrägen Straße vom Dom hinunter in die Tkalčićeva. Eine Straße übrigens, in der viele gerne günstig essen, und dafür, dass es so günstig ist, ist es wirklich nicht einmal schlecht. Er war es, der mir erzählte, wie Österreich-Ungarn Zagreb kleinhalten wollte, im Wortsinn, es ging um die Häuser: Die Häuser mussten immer ein Stockwerk kleiner sein als in Wien. Ich habe die Geschichte nie auf ihren Wahrheitsgehalt hin überprüft, dazu mochte ich sie zu sehr, weil sie in die sonstigen Geschichten der jahrhundertelangen Unterdrückung passte. Vielleicht verdanken wir auch tatsächlich dieser Geschichte, dass Zagreb eine Großstadt mit menschlichen Dimensionen ist. Nichts ist zu groß hier. Nichts.

Nach meinem ersten Besuch war klar: Ich muss wiederkommen. Und ich kam. Gerade weil hier die römische Baukunst fehlte, die Zeit nicht stillstand und das Meer nicht da war, einem die Sehnsucht zu stillen. Was ich entdeckte, war ein anderes Kroatien, eines, das sich schnell veränderte. Jahr um Jahr sah ich mehr erneuerte Fassaden, die Plätze wurden herausgeputzt, es war die einzige Stadt mit zahllosen Internetcafés und heute sogar mit Bäckereien, die Ihnen minutiös aufführen, welche Inhaltsstoffe in der Backware hinter der Theke zu finden sind. Laktose- und Glutenmarker garantiert. Als ich das letzte Mal im Bahnhof meinen *slanac* kaufte, fühlte ich mich fast an Kanada oder die USA erinnert. Nicht einmal in Deutschland war der Einzug der Lebensmittelunverträglichkeiten ins öffentliche Leben so schnell vorangeschritten wie in Zagreb. Während in Dalmatien die Frage nach Gluten oder Laktose in Lebensmitteln einen Wutausbruch auslösen kann. Wenn Sie deswegen auf die Idee kämen, sich zu erklären, würde man Ihnen keine Minute lang zuhören, Sie schon nach ein paar Sätzen für verrückt erklären: Ein Mensch, der keine Milch und keinen Weizen verträgt? Welche Mutter hat dich denn auf die Welt gebracht?, würde es heißen. Die einzige Intoleranz, die geachtet würde, wäre jene gegen Ihre Lebensmittelintoleranz. Dalmatiner sind robust. Zumindest geben sie sich so. Lebensmittelunverträglichkeiten sind etwas für Städter.

Vielleicht ist Zagreb für deutsche Reisende daher der perfekte Einstieg ins Land. Sanft nähert sich hier das Fremde, die österreichisch-ungarischen Einflüsse machen es leichter, und doch liegt schon ein Hauch Mediterranes, ein Hauch des anderen über der Stadt. Und immer mehr auch ein Hauch von Welt.

Die Menschen in Zagreb sind mit Leib und Seele Großstädter. Doch am liebsten sind sie Weltmänner. Oder eben Frauen von Welt. Hauptsache mondän. Niemand sollte meinen, hier wäre die Welt nicht zu Hause. Ältere Männer lehnen in ihren Cafèstühlen, als wären sie Nobelpreisträger für Literatur. Oder Elder Statesmen. Keinesfalls einsame, gealterte Herren aus einem ehemaligen Plattenbau. Manchmal sieht man im Zentrum, in einem der verfallenen alten Häuser, so einen Herrn, wie er auf seinen Balkon tritt und über die Straßen blickt, als wären es seine. Mit dieser Unmenge Zeit in den Bewegungen, als würde im Alter die Zeit nicht knapper, sondern mehr, macht er sich jeden Tag ein Bild von seiner Straße – und es ist nicht schwer, sich vorzustellen, wie er, nachdem er es gemacht hat, wieder reingeht, seinen Drink zu sich nimmt und sich an die Schreibmaschine setzt. Oder vor den Fernseher. Nur wenig später wird er sich mit einem Freund, der mindestens so viel Zeit hat für jede Geste, in einem Café treffen. Er wird Sie kaum würdigen, wenn Sie bewundernd an ihm vorbeilaufen, nur die Damen, die am Nebentisch sitzen, die würdigt er. Denn auch die älteren Damen tragen Mode, ungeschminkt geht kaum eine aus dem Haus. Und was wären diese alternden Lippen ohne diesen funkelroten Lippenstift? Die Eleganz tragen sie gerne bis in die Fingernägel zur Schau, gerne dieses funkelnde Rot, wie das auf den Lippen.

Manchmal wirkt es so, als spielten hier alle Metropole, als wäre hier im Grunde Paris. Dann erhält man den Eindruck, es hat nicht bis zur Eleganz, nur bis zur Replik von Eleganz gereicht. Doch manchmal ist die Fälschung ja kaum vom Original zu unterscheiden. Und wenn vier solcher Eleganz-Repliken am Tisch sitzen, mit unübersehbaren Brillen auf der Nase, wenn sie ihre Kaffeetassen vom Tisch heben, als sei es die wichtigste Sache der Welt, dabei den kleinen Finger zu spreizen, spätestens dann ist es einem egal, ob es sich um Fälschung oder Original handelt. Man ist berührt von dieser beharrlichen Behauptung von Urbanität, die sich schon in der Jugend verfestigt, bis ins hohe Alter anhält und die älteren Menschen aus ihren Wohnungen auf die öffentlichen Plätze treibt. Sie wollen in ihrer Stadt über ihre Stadt sprechen. Sie wollen sehen und gesehen werden. Sie sitzen am Zagreber Dolac, der Piazza, in den Cafés am Marktplatzrand, sehen den Jungen zu, wie sie für ihre Familien einkaufen, lehnen sich gelassen zurück und philosophieren darüber, wie das Leben heute ist und wie es früher war. Jung sein wollen sie in diesen furchtbar wankelmütigen Zeiten alle nicht mehr, behaupten sie und schauen wehmütig in die jungen Gesichter.

Oberzagreb und Unterzagreb

Absurderweise habe ich in Zagreb das beste dalmatinische Restaurant des Landes entdeckt. Sie bekommen die Suppe nicht auf einem kleinen Teller oder in einem feinen Suppenschälchen und müssen nach der kleinen Portion noch sehnsüchtig am Löffel schlecken. In Dalmatien galt seit jeher die Regel: Ohne eine ordentliche Suppe als Entree ist jedes Mittagessen nichts. Daher bietet das Restaurant Korčula die Suppen noch in einem Silbertopf so groß wie eine Salatschüssel, und Sie rechnen doch nur einen Teller ab. Die Schwäbin, ich weiß … Aber es ist ein gänzlich unsparsames Vergnügen, sich im Restaurant Suppe nachgeben zu lassen. Ob Sie dann Fisch oder Fleisch wählen, Dorade oder Rind, es schmeckt wie am Meer oder im Hinterland. Es ist ja auch beides kaum zwei Stunden entfernt. Aber eigentlich sind wir noch in Zagreb, sehen Sie, das passiert mir immer. Ich setze einen Fuß in dieses Restaurant und denke, ich bin fast in Split. Es sind die Ausgewanderten, die manchmal, dem Fernweh sei Dank, die Traditionen am geschmackvollsten pflegen. Und Zagreb ist für Dalmatiner beinahe Ausland. Diese Stadt mit den feinen Menschen, die den Deutschen so ähnlich sind, heißt es in Dalmatien. Zagreb ist eine Metropole, hört man in Split, das klingt beinahe so, als sei eine Metropole ein Altar. Auf jeden Fall ist es ein Ort, an dem man sich zu benehmen wissen muss, Temperament und Vehemenz der Gesten zu drosseln hat. Die Dalmatiner konnten sich immer leichter an den Italienern messen, scheint es. So war ihnen ein Italiener, den sie nicht verstanden, oft näher als einer aus Zagreb, den sie verstanden. Aber eben nur sprachlich. Es kursierte das Gerücht, in Zagreb gehe es zu wie in Deutschland, im Grunde sei Zagreb nicht viel anders als München. Wie den meisten Gerüchten sollte man auch diesem keinen Glauben schenken und sich selbst auf die Suche nach der Wahrheit begeben. Was man jedoch zugeben muss: Die *Zagrepčani*, wie sich die Bewohner Zagrebs nennen, haben sich nie an der lockeren Eleganz der Römer orientiert, immer eher am steiferen Großbürgertum Wiens. Ersteres hätten sie auch nie erreicht, die Küstenkroaten haben diese Haltung gewissermaßen über die Meeresluft inhaliert.

Zagreb ist, obwohl im Landesinneren, eine weitere Insel Kroatiens. Eine intellektuelle, modische, künstlerische und ökonomische Insel des Landes. Eine mit ihren eigenen Gesetzmäßigkeiten. Sie strebt nach Westen und trägt doch den Ballast des Ostens mit sich, was aus dieser Stadt eine einmalige Mischung macht.

Am offensichtlichsten wird das, wenn Sie schon kurz nach Ihrer Ankunft einen Abstecher in die Oberstadt machen. Dort sitzt die Regierung. Oberzagreb, das Parlament. Regierungsgebäude. Wichtige nationale und internationale Institutionen. Oberzagreb thront wie die *City upon a hill* über dem Rest der Stadt. Und ist dabei eine Miniatur. Als hätte früher, als die Stadt hier gegründet wurde, das Erhabene sich nicht über das Bauen von Palästen eingeführt, sondern über die Lage in der Stadt. Sobald man durch das Steinerne Tor geht, die *kamenita vrata,* ist man in der Oberstadt, auch *Gradec* genannt. Man kann diese Oberstadt auch über die *Zagrebačka Uspinjača* erreichen, doch ich fürchte, Sie werden sich unter diesem Zungenbrecher kaum etwas vorstellen, geschweige denn ihn ausfindig machen können. *Zagrebačka Uspinjača,* das ist der Zagreber Funicular, mit dem die Faulen in die Oberstadt gelangen. Sie steigen ein in der Ilica, der Fifth Avenue Zagrebs. Das ist schamlos übertrieben und meint die Einkaufsstraße, die sich vom *Trg Bana Jelačića* durch die Unterstadt, das neue Stadtzentrum, zieht. Die Mittelfaulen nehmen nicht eines der kürzesten und ältesten Beförderungsmittel der Welt, sondern wählen die Treppen hinauf auf das *Strossmayerovo Šetalište* neben dem Funicular. *Šetalište*, das ist übrigens immer ein Stück Straße oder Park, das zum Spazieren gedacht ist. *Šetati,* das heißt spazieren. Viele – oft die besten – Cafés heißen übrigens *šetač.* Warum, das kann ich Ihnen auch nicht erklären. Manche wählen sogar das Logo von Johnny Walker. Vom Cafésitzen und Spazieren werden wir in der Fußgängerzone von Zagreb noch einmal hören, daher bitte ich hier noch um ein wenig Geduld.

Wichtig ist, dass Sie an diesem Punkt verstehen, dass Zagreb eine Altstadt hat, die nicht, wie die meisten deutschen Altstädte, einfach die Mitte der Stadt bildet. Oberstadt ist tatsächlich der Gipfel der Stadt. Das Historische. Alles, was die Stadt wachsen ließ, nennt sich *Donji Grad,* Unterstadt. *Gornji i Donji Grad*. Oberstadt und Unterstadt. Mein Übersetzer, der Geschichtsversessene, hat mir erzählt, Oberstadt und Unterstadt hätten früher immer gegeneinander gekämpft. Die Straße, die beide Stadtteile verbindet, heißt heute noch *krvavi most*, Blutige Brücke. Ich sehe mir die kleine Gasse an und wie man von ihr aus den Dom sieht. Ein Dutzend Leute haben hier gekämpft und Straßengeschichte geschrieben. Heute stolziert die Jugend mit ihren Ray-Ban-Sonnenbrillen über den *krvavi most*.

Sobald Sie oben sind, sei es über den Funicular, den Umweg über den Dom oder die Treppen, werden Sie versuchen, sich einen Überblick über die Stadt zu verschaffen. Sie werden versuchen, wie ich anfangs, sich ein Bild von der Stadt zu machen – und es wird Ihnen, wie mir, nicht gelingen. Es gibt kein einheitliches Bild. Manche Bauten ragen heraus und erzählen von einem Sinn für Ästhetik, andere beleidigen ebendiesen, und wieder andere zeugen von seiner scheinbaren Abwesenheit. Funktionsbauten. Doch genau das ist es, was diese Stadt so aufregend macht: Sie passt in kein eindeutiges Schema europäischer Architekturgeschichte. Sie widersetzt sich. Ihre Schönheit macht sich rar und offenbart sich unerwartet. Manche Plätze drängen sich, wie in allen Hauptstädten der Welt, durch ihre Schön- oder Eigenheit auf. In manchen Straßen werden Sie das Gefühl haben, durch einen Wiener Vorort zu spazieren. In anderen werden Sie den Eindruck bekommen, der Sozialismus war eine architektonische Beleidigungsanstalt. Das sage nicht ich, das sagen jene, die in diesen Häusern wohnen. Noch heute hängt die Postkarte einer Freundin in meinem Flur, darauf Plattenbauten wie aus den schlimmsten Träumen. Darunter: *Public place or public insult?* Meine Liebe zu Zagreb ist spät entflammt. Und langsam. Dafür blieb sie. Und wächst. Jede Reise nach Kroatien beginnt inzwischen in dieser Stadt, die mir die Brücke baut zwischen der kleinen deutschen Stadt, in der ich lebe, und dem Mittelmeer.

Das Museum der gebrochenen Herzen

Haben Sie je vom Museum der gebrochenen Herzen gehört? Klingt nach Literatur für Sie, nach Roland Barthes oder Dubravka Ugrešić oder auch der unendlichen Geschichte? Es ist vielleicht der Anfang einer solchen. Zagreb erfindet sich jeden Tag neu. Sucht Anschluss an die eigene Vergangenheit und zugleich an ein Heute, das die Menschen in ein Morgen führt, wie sie es sich vorstellen. In Oberzagreb haben sich neben den Regierungsgebäuden auch die Museen eingerichtet. Kunstgalerien. Museen für Naturgeschichte. Moderne Kunst. Für kroatische Geschichte. Und dann plötzlich, inmitten all dieser großen Kaliber, ein kleines Museum, durch das vom ersten Anblick an ein Hauch von morgen weht: Das Museum der gebrochenen Herzen. Es ist diese Luft, die Zagreb zu einer besonderen Hauptstadt macht derzeit. Hier das Gestern, die Konservierung, das Traditionelle und Nationale. Und plötzlich steht man in Räumen, als wäre man nach New York oder London gebeamt worden. Korrekterweise heißt es Museum der gebrochenen Beziehungen, doch Sie finden, wenn Sie googeln, mehr Einträge unter gebrochenen Herzen. Stolz hängt schon im Eingang die Auszeichnung European Museum Award 2011. Kenneth Hudson Award für das innovativste Museum. Zwar kennt kein normaler Tourist Kenneth Hudson, aber innovativ klingt in heutigen Zeiten immer neiderregend. Und die Innovation muss hier, inmitten der Steinzeitmuseen, nicht einmal gesondert erklärt werden. Man ist so erleichtert, wenn diese frische Luft durch die Räume weht, die Ausstellungssprache einen plötzlich dort abholt, wo man ohnehin als junger Mensch ist: in irgendeinem Beziehungsanfang oder -ende. Auf dem Museumskongress in den Niederlanden stellte sich das Projekt vor. Fazit: Der Ort, der die Liebe ins Museum brachte. Wer weiß, ob sie dorthin gehört. Doch im Grunde liegen dort nur Dinge, die diese Beziehungen verkörpern. Kuscheltiere, Unterwäsche, Gartenzwerge ohne Nase. Oder eine Axt. Man möchte nicht Teil all dieser zerbrochenen Beziehungen gewesen sein, aber Zaungast. Wie schwierig es heute doch für die Herzen geworden ist, nicht zu brechen. Und wie banal die Gegenstände sind, an denen sie zerbrechen. Gewandert ist die Ausstellung durch Istanbul und New York, die USA und Mazedonien. Eine Liebesgeschichte fand ihr Ende, indem ein Mann sein Handy seiner Frau überreichte, damit diese ihn nicht mehr erreichen kann. Oder eine Champagnerflasche, die für das Einjährige gekauft wurde und nun in diesem Museum sitzt – ungeöffnet. Auch ein deutsches gebrochenes Herz hat ein Ausstellungsstück beigesteuert: Ein Mann gab einen kleinen Container voll Tränen, die er gesammelt hatte, während er seiner vierjährigen Beziehung mit einer »wunderbaren, aber heimtückischen Frau« nachweinte.

Drazen Grubišić und seine Exfreundin Olinka Vistica gründeten das Museum, als sie sich 2006 trennten. Den Haushalt aufzulösen war ein leichteres Spiel, als sich von jenen Gegenständen zu lösen, mit denen sie etwas Romantisches verbanden. Sie fragten Freunde nach solchen Gegenständen, bereisten Länder und sammelten sie. Inzwischen reist die Ausstellung selbst. Die Spender bleiben geheim, schreiben jedoch oft den einen oder anderen Satz zum Ende der Beziehung und wie der Gegenstand damit in Verbindung steht. Bei einem Paar weißer Strapse etwa ist zu lesen: »Ich hätte sie besser öfters getragen.« Und selbst eine Beinprothese legt Zeugnis ab von einer Liebesgeschichte kurz nach dem Krieg. Der verbitterte Patient schreibt: Das Bein war aus stabilerem Material als diese Liebe. Liebe kommt und geht, doch etwas bleibt. Und es verbindet uns mit anderen, das ist die Botschaft des wunderbaren kleinen Hauses in der Oberstadt, in dem sogar ein Café für frisch Getrennte eingerichtet wurde. Damit auch sie noch irgendwo zu Hause sind.

Die letzten Überlebenden der Wiener Boheme

Zagreb ist wie Paris für Frankreich, nicht architektonisch, sondern von der Bedeutung für das Land. Wer es in Frankreich zu etwas bringen will, muss über Paris. Wer sich in Spanien einen Namen machen möchte, kommt nicht an Madrid vorbei. Wer die Welt erobern möchte, muss nach New York. Wer sich die Eroberung Kroatiens zum Ziel setzt, dem reicht Zagreb. Und Zagreb ist ein leicht zu eroberndes Pflaster, weil es sich über gute Gespräche verbindet. Das Zentrum, in dem diese Gespräche stattfinden, ist überschaubar, und eigens für diese Gespräche ist die gesamte Fußgängerzone in ihrer Mitte von Cafétischen und -stühlen gesäumt. Korrekterweise müsste es heißen: Die Cafétische und -stühle sind von Straßen gesäumt. Ja, Sie haben richtig gelesen. In Zagreb steht nicht der Fußgänger im Mittelpunkt der Fußgängerzone, sondern der Cafésitzer. Inmitten der Hauptstraßen der Fußgängerzone stellt ein Café nach dem anderen seine Tischreihen so, dass man links und rechts an den Tischen vorbeispaziert. Man betrachtet die Schaufenster auf der einen und auf der anderen Seite die redenden, sitzenden, Kaffee trinkenden Menschen. Die Fußgängerzone ist ein einziges Caféleitsystem, führt über den *Cvjetni Trg,* den Blumenplatz, bis zum *Pif*, das Café, in dem sich Schriftsteller, Philosophen und Lektoren treffen und austauschen. Aber auch Designer und Webkünstler. Die einzige Zulassungsvoraussetzung ist mindestens eine Drei vor dem Lebensjahr. Sie dürfen Zagreb nicht verlassen, ohne nachts einen Drink im *Pif* genommen zu haben. Wenn Sie das zweite Mal kommen, werden Sie bereits begrüßt wie ein ewiger Gast. Man gehört schnell dazu, sitzt schnell da, als hätte man jahrelang nichts Besseres zu tun gehabt als die Nachbartische beim Prüfen ihrer Jahreskalkulationen zu belauschen oder beim Weltverbessern oder einfach nur beim Colatrinken. Denn die wahren Fans, die gehen ins *Pif* für *die beste Coca Cola der Stadt.*

Kroatische Künstler, Denker, Schauspieler und Journalisten kommen trotz aller politischen Kränkungen gerne aus der Welt zurück nach Zagreb. Sie schimpfen mit schier endloser Energie über die Provinzialität des Landes, der Menschen, über die Korruption in Politik und Behörden, sie schimpfen über das Vorgestern, das Gestern und erst recht das Heute, sie schimpfen über Versprechen, die nie gehalten wurden, über Menschen, die durch die Entwicklungen der letzten Jahre einfach überholt wurden, sie schimpfen und lehnen sich gelassen in ihren Cafésesseln zurück, weil sie wieder ihren Platz haben, weil sie Los Angeles, London oder sonstigen Großstädten dieser Welt den Rücken gekehrt haben, nicht zuletzt weil dort dieses Schimpfen niemanden interessiert. Viele behaupten, der Westen drehe sich nur um Geld, nicht, dass sie dieses Geld ablehnen würden, wenn entsprechende Angebote ins Haus kämen, aber man definiert sich nicht über Geldprojekte, man definiert sich über das, was man zu sagen hat, die Kunst, die man zu machen hat. Vielleicht hat es bei den meisten einfach nicht gereicht, vielleicht hatten sie es satt, immer nur den Ostblockschurken zu spielen. Vielleicht kehren sie aber auch deshalb zurück, weil keine Stadt dieser Welt noch das zu bieten scheint, was uns die Geschichtsbücher über Freuds und Nietzsches Wien erzählen: eine Boheme, so intakt, wie eine Boheme für diese Gesellschaft nur intakt sein kann. Kunst ist hier immer noch Motor für gesellschaftliche Debatten. Was dich umtreibt, was dein Leben lenkt, das sagt dir King Lear besser als die Tageszeitung und die letzten Nachrichten, rufen die Intellektuellen und Künstler durch die Stadt. Tatsächlich lösen hier Theaterinszenierungen noch Skandale aus, nicht selten groß genug, um eine Meldung in den Abendnachrichten wert zu sein. Die Künstler schauen den Politikern tief in die Karten. Sie sind stolz darauf und provozieren die Regierung in Interviews, als wären sie die eigentliche Opposition. Es ist ein Wir und Ihr. Ihr, die Regierenden und Profitierenden, wir, die Hinschauenden und Entbehrenden. Es ist nur eine Frage der Zeit, bis die Regierungen sich mit einem raffinierten Kultur-Subventionssystem die Kunst ins Haus kaufen, sagen die Vertreter diese Boheme, bis dahin bleiben wir schlecht bezahlt und daher unkäuflich. Selbst jene Kroaten, die nie ins Theater gehen, kennen daher die besten Schriftsteller und Schauspieler des Landes. Man bewundert und beneidet sie, nicht zuletzt dafür, dass sie Herrschaften sind, sich ausdrücken können und ein Innenleben pflegen, das es zu artikulieren lohnt. Die Taxifahrer fahren ihre armen Autoren noch auf Vorschuss von A nach B, winken schon ab, sobald der arme Autor in der Hosentasche nach Geld zu wühlen beginnt. Das nächste Mal, wenn du wieder mehr hast, sagen sie … und ziehen davon. In Cafés sitzen Autoren und Lektoren an einem Tisch und diskutieren über die neuesten Bücher, die unveröffentlichten oder jene, die sie gerne geschrieben sähen. Oft sind Autoren auch Lektoren, denn man hilft sich beim Überleben in einem Land, dessen Buchmarkt nach dem Krieg von 16 Millionen Lesern auf knappe vier schrumpfte. Kinder, Blinde und Analphabeten eingeschlossen, sagen sie.

Es macht Spaß mit diesen Intellektuellen. Sie sind im besten Sinne Sozialisten. Und dabei libertär. Sie meinen, das geht nicht zusammen? Sie irren sich. Es geht zusammen. Und wie. Doch dazu kommen wir später, wenn wir in Istrien sind. Auf der Insel Brijuni. Es ist nur ein Katzensprung. Aber noch sind wir hier. Wo beispielsweise der Ausnahmepianist und Bürgerschreck Ivo Pogorelić regelmäßig Konzerte gibt, trotzdem er Konzerte inzwischen meidet, weil die meisten nicht aushalten, wie überaus eigenwillig er die Werke interpretiert, und es ihm manchmal ausreicht, nur eine Taste pro Minute zum Klingen zu bringen. Das ist kein Rachmaninow, sagen jene, die Rachmaninows Werk kennen. In Kroatien wird es geliebt, das selbstbestimmte Genie, das nun einmal interpretiert, wie es interpretiert, und das darauf pfeift, wie das in anderer Leute Ohren klingt. Ein Künstler … der nicht im Ernstfall auf alles und jeden … ist im Ernstfall kein Künstler.

Die Beer Kings

Ich kann Ihnen das nicht vorenthalten. Ich kann Ihnen das einfach nicht vorenthalten. Es war eine der seltsamsten Nächte meines Lebens. In dieser seltsamen Stadt, ja. Die Menschen, von denen ich Ihnen gleich erzählen werde, holten mich nach einer Lesung in der Bibliothek am Zagreber Bahnhof ab und entschuldigten sich schon auf den ersten Metern dafür, dass es hier nicht mit London, Berlin oder Paris vergleichbar sei. Schon um ein Uhr nachts hatten wir ernsthafte Probleme, eine Kneipe zu finden, die uns noch das Bier auf den Tresen stellen würde, die drei Beer Kings gingen ein vor Scham. Sie müssen wissen: Ich erzähle hier von der Nacht mit den Beer Kings. Und ich gestehe vom ersten Absatz an: So eine Nacht habe ich in London, Berlin oder Paris nicht erlebt.

Es war nach meiner ersten kroatischen Lesung, mein Übersetzer, Boris Perić, der Autor Borivoj Radaković und ein junger Mann meines Alters, dessen Namen ich vergessen habe, aber nicht sein schönes Lächeln, führten mich durch diese Nacht. Es war ein bisschen so, wie man das aus »Durch die Nacht mit …« auf Arte kennt, aber eben nur ein bisschen so, denn es war nicht annähernd so erzwungen interessant. Hier saß ich also zwischen zwei Intellektuellen dieses Landes: Boro Radaković, bekannt als Autor, Professor für Jugoslawistik und Anheizer großer Debatten über das Selbstbild der Nation, und Boris Perić, in dieser Runde der ewig verschmitzt lächelnde Übersetzer von Günter Grass, Blixa Bargeld. Sein Lächeln im Gesicht machte ihn zur Mona Lisa dieser Nacht. Die beiden Herren, der junge Bibliothekar und ich gehen nach meiner Lesung in eine heruntergekommene Studentenkneipe, ich denke, gleich wird mir einer der beiden Denker dieses Land, diese Sprache, diese Menschen nahebringen wie noch nie jemand zuvor. »Boro Radaković ist ein Wolf«, sagt der junge Bibliothekar mit dem schönen Lächeln, »einsam geht er vorneweg, und man hat immer den Eindruck, alle, die hinter ihm gehen, folgen ihm.« Boro hat in London gelebt, ist wieder zurückgekehrt, manche behaupten, seit seiner Rückkehr nehme der Wolfsbestand in Kroatien beständig zu. Er kann wunderbar heulen, meist hört man sein Geheul bis in die letzten Ecken der Stadt. Er ist vernetzt wie kein Zweiter in diesem Land mit der britischen Literaturszene, hat ein Buch herausgebracht, *Croatian Nights*, in Englisch. Eine dieser *Croatian Nights* bescherte er mir.

Ich saß mit den dreien am Tisch und sollte den Schlüssel finden, den Schlüssel zu den Beer Kings. Der junge Bibliothekar sah mich immer wieder ermutigend an, als würde ich es schon noch hinbekommen diese Nacht, doch ganz gleich, was ich fragte, was ich von den beiden wissen wollte, ich bekam auf alles nur die eine Antwort: Wir sind die Beer Kings. Ich wäre mit normalen Menschen wütend geworden, doch bei diesen Wahnsinnigen schimmerte hinter jedem Beer Kings ein solcher Abgrund, dass ich nicht gehen konnte. Sie lachten, manchmal wie böse Jungs, manchmal wie an der Grenze zum Wahn. Einzig der junge Bibliothekar mit dem schönen Lächeln versuchte sich dann und wann als Beer-Kings-Übersetzer für mich. Du musst das verstehen, sagte er, es ist so und so. Doch mehr, als dass ich den Schlüssel brauche, war auch aus ihm nicht herauszukriegen. Da saß ich also mit diesen Männern, die alles wissen könnten, was ich wissen will. Mit jenen, die in Zeitungen und Interviews laut infrage stellen, ob es das gibt, was die Regierung die kroatische Sprache nennt, die sich selbst zu Staatsfeinden erklären und zu Wächtern der Subkultur und des Nachtlebens. Sie saßen mit mir in dieser Studentenbar um die Ecke meines Hotels und erklärten mir die Welt aus der Sicht der Beer Kings: Die Beer Kings sprechen nicht über das, was es zu wissen gibt. Die Beer Kings antworten nicht auf Fragen, die nach einer Antwort verlangen. Die Beer Kings leben nachts und suchen nach Kneipen und Cafés, die ihnen spät noch Bier ausschenken. Die Beer Kings sprechen nicht über den Krieg oder posttraumatische Belastungsstörungen. Die Beer Kings sprechen nicht über Nationalismus und ob Serbisch und Kroatisch nun zwei Sprachen sind oder eine. Sie lassen sich nicht quizzen und vereinnahmen und sind nicht als Geschichtslehrer zu missbrauchen. Sie sind die Beer Kings, mehr sind sie nicht. Ich habe, noch als die Kellnerin zur letzten Runde aufrief, gedacht, irgendwer wird doch wohl noch diesen verdammten Abend nach seinem Inhalt auflösen, diesen Irrsinn beenden und mir die Schlüssel zu ihnen in die Hand drücken. Punkt drei werden wir aus der Kneipe geschmissen. Tür zu. Wir laufen durch den kleinen Park, der diesen Namen nicht verdient hat. Das schöne Lächeln des Jüngsten nervte mich inzwischen, weil es mir mindestens so irre vorkam wie das Gerede der Beer Kings. Beer Kings. What the fuck… dachte ich. Und sagte es. »Endlich sagst du etwas«, entgegnete Boro, mehr sagte er nicht. Doch, er beschwerte sich: Es gibt keinen Ort mehr, keinen gottverdammten Ort in dieser gottverlassenen Stadt, an dem du nach drei Uhr nachts noch ein Bier kriegst.

Am nächsten Morgen im Hotel kam mir alles vor wie ein Traum. Hatten sie diese Beer-King-Nummer wirklich durchgezogen? Kein Wort gesagt, nur Bier in sich reingekippt. Boris Perić, mein Übersetzer, ständig lächelnd und nickend am Tisch, stolz, so einen coolen Wolf-Beer-King zum Freund zu haben. Dieser junge Mann aus der Buchhandlung mit dem schönen Lächeln, der ständig übersetzt und dabei am wenigsten gesagt hat. Warum zur Hölle bin ich nicht aufgestanden, gegangen und habe die drei zu Vollidioten erklärt? Weil ich in dieser Nacht mehr geballtes, verletztes, sich zur Wehr setzendes Leben vor mir sitzen sah als je zuvor in intellektuellen Kreisen. Hätte mich je einer gebeten, eine Parabel zu erfinden auf innere Emigration in Transformationsstaaten, ich hätte sie so unverschämt nie zu erfinden gewagt.

Wenig später erzählte mir jemand von Boro Radaković. Von seinem großen Buch, *sjaj epohe* (Der Glanz der Epoche), das so etwas wie das Trainspotting seines Landes und seiner Generation war. Nur ein paar Tage später, ich sagte ja, Zagreb ist die letzte Wiener Boheme, traf ich Boro wieder, in der Passage des Hauptbahnhofs in Zagreb. Inmitten einer großen Runde predigte er über die Cafétische hinweg, als wäre Reden seine eigentliche Berufung. Die Mitarbeiterin einer kroatischen Kultureinrichtung, die mich an diesem Abend begleitete, brach in Freudentränen aus: Boro. Unser Boro. Zwanzig Jahre lang habe ich dich nicht gesehen. Du warst unser Kino, unsere Nachrichten, du warst … Er winkte ab. Bedeutete uns, Platz zu nehmen, und zog seine Show ab. Die nächste. Von den Beer Kings keine Spur.

Er war plötzlich inmitten einer Kirchendebatte, warum es besser sei, auszutreten als einzutreten, dann bei Hochbegabten, der Frage, was mit diesen Kindern geschehe, die heute als hochbegabt gälten und wie Roboter auf ihre Talente programmiert würden. Und was damals, vor zwanzig Jahren, beinahe mit ihm geschehen wäre. Er saß zu Hause und machte das Radio an. Es war einer der großen Tage auf dem Weg in die Unabhängigkeit. Einer von denen, die heute behaupten, er habe das alles nie so gewollt, ließ verkünden, man solle jeden Serben, der heute an einem vorbeikomme, in den Fluss werfen, in die *Sava*. Boro sah an sich hinab, an seinem Körper, wie an einem Fremden, und sagte: *»Srbin, to sam ja.«* Serbe, das bin ich. Wenig später lachte die Runde schon wieder. Ich noch lange nicht. Ich dachte zurück an die Nacht mit den Beer Kings und wusste mit einem Mal, weshalb sie die bessere Variante für eine junge deutsche Autorin mit kroatischen Wurzeln war.

Der Lebensbrunnen

Es gibt einen Platz, wenn Sie den nicht aufsuchen, bevor Sie Zagreb verlassen, versäumen Sie all das, was ich Ihnen jetzt beschreiben werde. Es wartet etwas Einzigartiges auf Sie. Und ich verspreche Ihnen, niemand, wirklich niemand kann Ihnen das so beschreiben, wie es ist.

Am Platz von Marschall Tito steht das Nationaltheater. Es ist schön, im Stil der Neorenaissance gehalten, wurde 1894/95 von Wiener Architekten errichtet und in Anwesenheit des Kaisers eröffnet. All das. Und doch möchte ich Sie vor diesem Nationaltheater bitten, ihm den Rücken zuzudrehen und sich dem Lebensbrunnen zu widmen. Die Stufen zu ihm hinabzusteigen. Er liegt verborgen hinter einer kleinen kreisförmigen Steinmauer, als dürften nicht jedermanns Augen aus dem Brunnen des Lebens trinken. Doch ich verrate es Ihnen: Dieser Platz sollte Ihre erste oder letzte Station in Zagreb sein.

Die Kroaten haben nicht viele Bildhauer von Weltrang, doch sie haben einen, der reicht für viele, und allemal reicht er für so ein kleines Land: Ivan Meštrović schuf den Grgur

Ninski in Split, schuf das Strossmayer-Denkmal, er schuf »Die Geschichte Kroatiens«, eine Frau, die im Schneidersitz und mit einem offenen Buch mit glagolitischer Schrift auf dem Schoß am Eingangsportal der Universität von Zagreb sitzt. Alles Wissen beginnt gestern, scheint sie zu sagen. Als ihm Kroatien zu klein wurde, schuf er das Indianer-Denkmal an der Grant Park Plaza in Chicago. Und er schuf den Lebensbrunnen, aus dem heute noch jeder Betrachter die Sehnsucht nach Liebe trinkt. Bronzefiguren, alle in Liebesmomenten festgehalten. Zueinander. Aneinander. Übereinander. Miteinander. Einander. 1912, nur zwei Jahre vor Ausbruch des Ersten Weltkriegs, schafft dieser Ausnahmekünstler ein bronzenes Abbild der Liebe. Der Brunnen ist das Gegenstück zum Museum der gebrochenen Herzen, der gebrochenen Beziehungen. Es ist ein Brunnen der Liebenden, aus einer Zeit, in der nicht das Kommen und Gehen der Liebe im Mittelpunkt der öffentlichen Aufmerksamkeit stand, sondern ihr Finden und Bleiben. Das Ineinanderfallen, nicht das Auseinanderfallen gehörte zum großen Mythos des Erwachsenenlebens. In diesem Bronzebrunnen sind die Liebenden des letzten Jahrhunderts festgefroren. Wo geliebt wird, strahlt das Gesicht den Hunger nach Leben aus, wo geliebt wird, da greifen die Hände nach dem Geliebten, um zu spüren, wer sie sind. Wäre dieser Brunnen ein Gedicht, so wäre es eine Ode an das Leben, das in der Liebe zu finden ist. Die Figuren sind weich. Ja, die Bronze wirkt weich, als könnte man in die Körper der Liebenden greifen, so sehr schimmert die Sehnsucht der Figuren durch ihr Material hindurch. Gegenüber den Liebespaaren, die sich kosen und küssen, ist ein einzelner Alter, dessen Blick sehnsüchtig in den Lebensbrunnen fällt. Niemand ist einsam an diesem Brunnen, niemand außer diesem Alten und dem Betrachter. Also Ihnen. Sie werden sich, sobald Sie vor diesem Brunnen stehen, nach einer Zeit sehnen, in der Sehnsucht nicht digital oder per Handy übermittelt wurde, sondern keimte, bis die Hand wieder am Nacken lag. Der Lebensbrunnen zeigt Paare, man muss es so einfach, so archaisch sagen, in den Stunden, bevor sie ein Kind zeugen. Wie sonst könnte er Lebensbrunnen heißen, aus einer Zeit kommend, da Kinder normal waren. Sie zu kriegen, das geschah fast nebenher. Sie zu erziehen leider auch. Das ehemalige Atelier von Meštrović finden Sie in Gornji Grad. Es zeigt seine Werkstatt, zahlreiche Skulpturen und Skizzen. Ganz in der Nähe des Museums der gebrochenen Beziehungen. Doch Meštrovićs Herz finden Sie an diesem Platz. Am *Trg Maršala Tita*. Sie werden anders sein, wenn Sie ihn verlassen, anders als vorher, denn irgendwo in sich haben Sie ein bronzenes Sinnbild des Lebens. Der Liebe.

Die Hauptstadt der Krawatten oder: Wer hat's erfunden?

Ja, kroatische Männer tragen gerne Anzüge. Nicht weniger gerne tragen sie passende Krawatten dazu. Vor allem in Zagreb. Doch deshalb nennt sich Zagreb nicht die Hauptstadt der Krawatte. Sie nennt sich so, weil Kroatien die Heimat der Krawatte ist.

Sie werden fragen, was wollen diese Kroaten bitte alles für sich beanspruchen. Vor Kurzem noch kannte sie kein Mensch – worüber wir noch in aller Ruhe reden werden –, vor Kurzem also kannte sie noch kein Mensch, werden Sie sagen, und nun sollen sie verantwortlich sein für eine ganze modische Revolution, wollen den Franzosen etwas vorgemacht haben in Sachen Textilaccessoire. Es tut mir wirklich leid, werde ich Ihnen entgegnen, in diesem Fall verhält es sich wirklich so. Manchmal müssen die Kroaten zwar tief im Archiv der Geschichte graben, um ihren Beitrag zur europäischen Zivilisation ausfindig zu machen, doch sie heben dabei tatsächlich immer wieder kleine Schätze und versehen sie daraufhin gekonnt mit modernstem PR-Tamtam.

Den Krawattenschatz hoben sie aus den Zeiten des Dreißigjährigen Kriegs. Europa wurde gerade in Schutt und Asche gelegt, Frankreich befand sich in militärischer Not und holte sich zur Unterstützung ein paar Tausend Kroaten nach Paris. Und was hatten diese Kroaten damals, während des schlimmsten Krieges, den Europa bis dahin erlebt hatte, im Sinn? Halstücher und wie man eine Schleife aus ihnen zieht. Mode also. Die französischen Offiziere trugen simple Halsbinden aus Seide, die Kroaten dieses um den Hals geknotete Tuch, das bis zur Brust hing. Natürlich waren die Franzosen zu stolz, den Dreh mit den Krawatten sofort nachzuahmen, doch schon kurze Zeit später sah man die französischen Adeligen am Hof des Sonnenkönigs mit einem Halstuch *à la Croate*. Das zu einem Knoten gebundene Tuch wurde also tatsächlich nach Kroaten benannt. Daraus wurde im Französischen *cravate* und im Deutschen Krawatte. Da haben wir es also, das historische Material. Und schon fand sich ein kluger Unternehmer, der aus dieser Geschichte ein Geschäft machte. Folglich wimmelt es in Zagreb und ganz Kroatien nur so von feinen Krawattenläden namens CROATA. Einer davon findet sich im Oktogon, der französischsten Einkaufspassage Zagrebs, die direkt vom *Cvjetni Trg* in die *Ilica* führt. In Split, fast an der Riva, finden Sie einen. Sie müssen sich im Grunde sehr ungeschickt anstellen, um einen dieser CROATA-Läden nicht zu finden.

Die Unternehmerphilosophie, die in Kroatien die größten Erfolge feiert, ist immer jene, die sich auf die Geschichte des Landes bezieht. So finden Sie inzwischen Kekse, die nach einem Geheimrezept von 1914 gebacken werden. Sie finden Kaffee, der in Mühlen von 1892 gemahlen wird, und so weiter. Ich bin sicher, Sie haben das Geschäftsprinzip verstanden, das in unseren, und nicht nur in unseren

Gefilden, Gewinn verspricht. Die Resteuropäer erwarten das genau so von den Kroaten: Als Fortschrittsnachzügler sollen sie bitte ihre Traditionen pflegen.

So sind die Kroaten stolz – wie auch auf alles andere, was Ihnen zugeschrieben wird –, dass sie selbst in Zeiten des Krieges ein modisches Accessoire entworfen haben. Noch stolzer sind Sie darauf, die Pariser von ihrer Erfindung überzeugt zu haben. Dieser Stolz verpflichtet tatsächlich zu gewissen Werten und Werbeaktionen. Marijan Busić, der Unternehmer, der hinter der Krawattenkette steckt, band kurz nach der Jahrtausendwende einen 808 Meter langen Schlips um die Arena di Pula. So schafft man es ins Guinnessbuch mit der längsten Krawatte der Welt. Auch als Souvenirs werden die Krawatten entworfen, erschwinglich hängen sie in den Läden, zeigen Dalmatiner oder Motive der alten kroatischen Glagolica und warten geduldig, bis sie ein Tourist als Mitbringsel einem Daheimgebliebenen um den Hals hängt. Die Regierung verschenkt handgemachte Krawatten gerne an Staatsgäste. Hans Dietrich Genscher hat mit Sicherheit eine ganze Palette im Schrank, denn er war es, der Kroatien damals anerkannte, denken die Kroaten, und deshalb sind ihm alle verpflichtet, sind ganze Cafés nach ihm benannt. Ich bin sicher, sein Kleiderschrank enthält eine ganze CROATA-Kollektion.

Dieser Griff in die Trickkiste der Geschichte ist für Unternehmer in Kroatien das ultimative Erfolgsrezept. So kreieren sie Marken. So bringen sie ihre Produkte an den Mann. An die Frau. Und ans Land. Aus dem Trick mit der Geschichte entwickelte sich, recht geistesverwandt, der Trick mit der Prominenz. Zugegeben, ganze Werbe- und PR-Agenturen mussten in den ersten Jahren nach der Unabhängigkeitserklärung Insolvenz erklären, weil sie in der Hoffnung ankamen, sie könnten den Kroaten jetzt vormachen, wie das mit dem Westen geht. Die kroatischen

Unternehmer brauchten jedoch mindestens zehn Jahre, um zu verstehen, dass es sich für sie durchaus lohnen kann, einem Politiker eine Krawatte zu schenken, wenn die Presse dabei ist, einem Filmstar das Kleid oder ein Auto für die Premiere zu leihen. Zehn Jahre sind für Werbeagenturen natürlich arg lang, und so gingen die Werbepioniere der ersten Dekade einfach ein. Insolvenz. Bis die Kroaten selbst verstanden, wie das mit der Werbung funktioniert: Mach einen Niemand, mit dem du tun kannst, was du willst, berühmt. Hänge diesem Niemand, den du berühmt gemacht hast, eine Uhr um den Arm, und du hast ein Dutzend Niemands, die alle tun, was du willst. Inzwischen sind die Fernsehsender, wie übrigens auch in Deutschland, Tag und Nacht auf der Suche nach diesen »Niemands«, damit die Unternehmer ihre Produkte über diese »Niemands« an die anderen »Niemands« bringen. Diese herablassende Haltung gegenüber dem Konsumenten ist übrigens ein Erbe der sozialistischen Zeit. Der Konsument ist beim besten Willen nicht zu achten, er ist bestenfalls zu schröpfen, zum Wohle der Allgemeinheit. Das werden Sie auch bemerken, wenn Sie in einem Einkaufsladen stehen. Oder einer Boutique. Sie werden immer das Gefühl bekommen, Sie stören das Mitarbeitergespräch. Oder sind nicht kompetent genug, sich unter all den Produkten selbst das beste auszuwählen. Diese maßlose Arroganz gegenüber den Konsumenten wird jedoch niemanden daran hindern, ihn mit aller Kraft an sich zu binden. Auch nicht daran, hinter Ihrem Konsumentenrücken über Sie zu lachen. »Was habe ich mir an diesen Idioten eine goldene Nase verdient!«

So werden diese Trickkisten mit der Landesgeschichte und dem Ruhm heute fast schon überstrapaziert. Und machen vor nichts und niemandem halt. Genau genommen zieht diese Vereinnahmung wie eine Epidemie übers Land. *Claim to fame* oder *Claim to National History*, darunter entsteht keine Marke. Die Kroaten wollen das von den Amerikanern gelernt haben, diesen Kampf ums Urheberrecht, ums Patent. Dabei sind es doch gerade die Amerikaner, die in der ersten Dekade nach dem Bürgerkrieg mit ihren Geschäftsideen an der Sturheit der Kroaten gescheitert sind. Selbst um den McDonald's in der Hauptstraße von Split wurde jahrelang ein großer Bogen gemacht. Es musste erst eine ganze Generation Medienkinder heranwachsen, deren Eltern keine Zeit mehr haben für das familiäre Mittagessen, um den Burger in der Stadt einzuführen. Heute, zwanzig Jahre nach der Unabhängigkeit, läuft das Geschäft.

Doch zurück zur Epidemie. Wo auch immer diese Urheber-Epidemie herkam und was genau ihre Ursache war, sie hat inzwischen das ganze Land ergriffen. Sie hat ein Ausmaß angenommen, das beinahe lebensbedrohlich für die Kulturgüter der mediterranen Nachbarn geworden ist. Besonders die Italiener sind Opfer dieser Unart. Denn wie soll man die Grenze ziehen, wenn, was einst römischer Alterssitz des Kaisers Diokletian war, heute kroatisches Weltkulturerbe ist? Natürlich schürt das Neid und Missgunst, in manchen Kreisen gar Panik. Die Italiener fühlen sich in ihrer nationalen Identität inzwischen so bedroht, dass sie ganze wissenschaftliche Abhandlungen in Auftrag geben, die nichts anderes zum Inhalt haben, als die kroatische Aneignung der Weltgeschichte fundiert zu widerlegen.

Hinter dieser Sache mit der Weltgeschichte steckt natürlich mehr als nur ein einzelner Unternehmer. Hinter dieser Sache mit der Weltgeschichte steckt die Regierung selbst. Genauer: Das kroatische Ministerium für Tourismus, das sich dieses Erfolgsprinzip von den Unternehmern abgeschaut und es einfach, ohne es kritisch zu überprüfen, auf die Bildung der Marke Nation übertragen hat. Das Ganze fing so an (beziehungsweise nahm es so seinen Lauf, angefangen hat es sicher in den Büros des Ministeriums und der

Werbeagenturen, die an dem Konzept für dieses unerhörte Magazin gearbeitet haben): Das kroatische Ministerium für Tourismus druckte eines Tages in einer großen Tourismusoffensive in hoher Auflage beeindruckende Hochglanzbroschüren, die allen Einreisenden bereits am Grenzübergang ausgehändigt wurden. Da Kroatien damals noch nicht Teil der EU war, blieb an den Grenzen genug Wartezeit, die teuer anmutenden Magazine unters Volk zu mischen. Natürlich verteilt von braun gebrannten, sportlichen Mädchen und Jungs, die einem gleich noch Wasserflaschen in die Hand drückten und die Reisenden mit einem unwiderstehlichen Lächeln beschenkten. So, schon weich gekocht von der Fahrt, der Südhitze und den charmanten Boten, nahm man die Inhalte der Hochglanzbroschüren äußerst wohlwollend wahr. Die Touristen freuten sich über die Ablenkung und fingen aus Grenzübergangslangeweile an, das Magazin zu durchstöbern. Schon auf der ersten Doppelseite erfuhren sie so, dass sie gerade dabei waren, in die Wiege der Zivilisation einzufahren: Hier, in diesem Land, das bis dato kaum einer kannte, dessen Menschen bis heute noch Aufklärungsarbeit leisten müssen hinsichtlich der Tatsache, dass sie Kroaten und nicht etwa Kroatier sind, hier, in diesem Land wurde Weltgeschichte geschrieben: Marco Polo erblickte auf der Insel Korčula das Licht der Welt. Jährlich veranstaltet man dort, seiner kroatischen Geburt zu Ehren, die Marco-Polo-Festspiele. In Hum, einem klitzekleinen Punkt auf der Halbinsel Istrien, befindet sich die kleinste Stadt der Welt. Nur knapp fünf Häuser, aber in diesen ein Rathaus, eine Poststelle, eine Bank und alles, was es zum Stadtsein eben braucht. Sie genießen es, Ihre Wohnung nicht mehr mit Kerzen ausleuchten zu müssen? Ohne den Elektroingenieur Nikola Tesla säßen Sie noch im dunklen Mittelalter. So las sich das. Wir gehen in dieser Hochglanzbroschüre weiter nach Süden, zu den Inseln vor Dubrovnik, darunter Mljet. Dort sollen die Amazonen ihre blutigen Kämpfe gekämpft haben. Und Odysseus? Wer käme auf die Idee, ihn in Griechenland zu verorten? Höchstens den Hafen, aus dem er abfuhr, die Route jedoch, und das wird jedem klar, der die Odyssee gründlich liest, die Reiseroute der Odyssee führte den Sagenheld … Na, was denken Sie, wohin? Genau. An die kroatische Küste. Ja, die Wiege der europäischen Zivilisation wurde bis dato fälschlicherweise bei den Griechen vermutet. Das Ministerium für Tourismus wollte mit diesen Missverständnissen ein für alle Mal aufräumen und druckte die wichtigsten Erkenntnisse schwarz auf weiß. Ja, mit diesem Touristenmagazin kam dieses Virus endgültig, großflächig und für alle ansteckend übers Land. Sie halten das für ein Märchen? Sie meinen, ich lüge, kein Ministerium setzt solche Gerüchte in die Welt? Nun gut, vielleicht hat das Ministerium diese Gerüchte tatsächlich nur aufgegriffen, und in die Welt gesetzt haben es Journalisten und Historiker. Wer auch immer es war, Jahr um Jahr entfacht sich ein neuer Schaukampf zwischen Italien, Griechenland und Kroatien, wer der Urheber der europäischen Zivilisation sein könnte. Wie Kroatien überhaupt in dieses Spiel gelangte, das müssen Sie beim Ministerium für Tourismus erfragen. Oder doch eher bei den diversen größenwahnsinnigen Journalisten, die damit begonnen haben, sich in alles einzumischen, worauf Europa stolz ist. Der Kroate war mit einem Mal der Bastard, der aus jeder europäischen Kreuzung hervorging, und Sie wissen ja selbst, dass Europa eine Aneinanderreihung von Kreuzungen ist.

Ich gebe es offen zu: Das mit Marco Polo habe ich anfangs geglaubt. Auch verbreitet, ja. So ging es jedem, der in diesem Hochglanzmagazin auch nur blätterte. Die Lügen prägten sich wie von selbst ein und reproduzierten sich fast selbstständig. Es war, als hätten sie das Loch ausgefüllt, das man spürte, wenn einem die Deutschen immer nur mit *autoput* oder Campingplätzen kamen. Auf einen Schlag hatten wir Marco Polo und mit ihm die Entdeckung der Welt. Wir hatten Nikola Tesla, traurig nur, sein Name ist in Europa kaum bekannt. Die US-Amerikaner hingegen nennen ihre Elektroautos Tesla-Motors, die wissen Bescheid, aber was bringt uns das? Wie oft im Leben treffen wir einen US-Amerikaner? Um die Deutschen geht es uns. Die Franzosen. Die Briten. Die Spanier. Um sie alle. Sie, unsere europäischen Nachbarn, sollten erfahren, was wir geleistet haben, schließlich gehören wir bald dazu, und sie sollten wissen, was man an uns hat. Die Italiener wissen es ohnehin. Das mit Nikola Tesla. Das stimmt übrigens wirklich. Für Nikola Tesla gibt es inzwischen sogar ein Memorial. In seinem Geburtsort. Auf Kroatisch und Englisch, falls sich ein Amerikaner in dieses Niemandsdorf verirrt. Vielleicht aber auch, weil Nikola Tesla am Ende seines Lebens Amerikaner war. Und der New Yorker Bürgermeister nach dessen Tod eine glühende Rede auf ihn hielt. Hey, das stimmt wirklich. Die Rede wurde sogar im Radio ausgestrahlt und ist in diesem Memorial zu hören. Wie, Sie glauben mir kein Wort? Dann fragen Sie doch nicht mich, fragen Sie jemanden mit nicht nur kroatischen Tassen im Schrank.

Harmlose Großmütterchen mit Zahnlückenlächeln oder Baba Jaga?

Für meine baba

Sie verlassen Zagreb nach ein paar Tagen und fahren mit dem Auto weiter nach Süden? Nach Istrien, die Kvarner Bucht, Mittel- oder Süddalmatien?

Fahren Sie bitte nicht die ganze Strecke über die Autobahn. Und wenn, dann machen Sie bitte später zumindest einen Ausflug ins Hinterland. Zu den Krka Wasserfällen. Oder den Plitvicer Seen. Ganz gleich, wohin. Denn wenn Sie es nicht tun, wenn Sie immer nur an der Küste bleiben, verpassen Sie die kroatischen Großmütter, die letzten ihrer Art. Sie sitzen hinter jeder zehnten, elften Kurve am Straßenrand, meist vor kleinen Schotterparkplätzen, damit Sie, ja, genau Sie, abfahren und ihr einen selbst gebrannten Šlivovic abkaufen können, womit Sie für den nächsten Winter ihr Überleben sichern.

Lange wird es solche Großmütter nicht mehr geben. Solche werden nicht mehr geboren, sagt man bei uns. Ich gebe unverhohlen zu, Ihnen hier eine Liebesgeschichte zu erzählen. Zugegeben, eine merkwürdige. Doch ich liebe diese Frauen, von klein auf.

Das fing damit an, dass mich mein Lieblingscousin mit auf den *pazar* nahm. Ja, so sagen wir, *pazar*. Das kennen Sie wahrscheinlich aus der Türkei. Mein Cousin war damals Maler von Beruf und Schauspieler im Herzen. Mit Maler meine ich nicht Künstler, sondern Fassadenmaler. Kunst war bei uns im Hinterland wenig verbreitet. Eher das Handwerk. Doch selbst das nur mäßig, denn Fassaden waren in dieser armen Gegend das, was sich eine Familie für jene Zeiten aufhob, die nie kommen würden, die guten. So hat er es mit dem Malen nicht weit gebracht, weil die meisten sich mit ihrem grauen Beton begnügten, und selbst die wenigen, die doch Farbe auf den Fassaden wollten, brachten ihn dazu, sich mit dem Farbengeruch die Nasenhärchen zu verätzen. Nein, das Malen war nichts für ihn. Er sattelte um auf Trucks, entdeckte so sein Gesangstalent, weil die vielen Stunden alleine im Lkw nach einer Beschäftigung verlangten, die nicht zwingend ein Publikum braucht. Da liegt singen näher als schauspielern.

Jedenfalls … zurück zu den Großmüttern, die er mir nahebrachte, als er im Herzen noch Schauspieler und nicht Sänger war: Wir gingen also zusammen auf den *pazar*, wo die Großmütter, genannt *baba,* ihr frisches Obst und Gemüse verkauften. *Carice* nannte er sie, die Zarinnen der Märkte. Er lachte schon, bevor er ins Auto stieg. Mein Cousin ging auf den *pazar* nur, um sich gut zu unterhalten, auf Kosten der *babas*. Oder mit ihnen. Es war so, wie man heute ins Theater geht, denke ich. Ich habe nie herausgefunden, ob sie mit ihm genauso viel Spaß hatten wie er mit ihnen. Aber sie spielten mit. Mindestens so überzeugend wie er. Gekauft hat er immer nur das Nötigste. Aber jedes Angebot auf ihren Tischen einmal in die Hand genommen oder probiert. Am liebsten stellte er sich dorthin, wo die Stände zweier *babas* nebeneinander waren, dort gab es am meisten zu probieren, weil immer die baba nebenan ihm schon ihr Obst entgegenhielt, wenn er es bei der anderen auch nur ansah. Sofort ging der Wettbewerb los, oder besser: das Marktgeschrei: »*Meine Feigen*! *Meine* sind von heute früh, die habe ich heute Morgen um vier gepflückt!« Das freundliche Werbeverbot für das Anschwärzen der Konkurrenz hat auf diesen Märkten nie gegolten. »Wie, heute Morgen um vier? Da hast du doch dein Vieh auf die Felder gebracht? Und wie willst du Alte auf den Baum geklettert sein? Wer weiß, wo du das Zeug herhast …« Und schon hatte er sie an der Angel. Wenn es sein musste, machten sie ihm vor, wie beweglich sie noch waren. Eine Obstsorte nach der anderen wurde so auf ihre Frische hin überprüft. Die Show wurde dadurch angeheizt, dass sich andere Käufer um die drei herumstellten, um zu sehen, was es zu schreien gab, aber auch, weil ihnen die Qualitätsprüfung ein anderer abnahm. Heute würde die EU ein Siegel verteilen, im besten Fall mit BIO darauf, damals hat das noch mein Cousin persönlich gemacht, hat die *babas* aus der Reserve gelockt, bis er wusste, wo sie ihre Sachen herhatten. Es nutzte ohnehin kein Siegel, wenn er nicht selbst probieren durfte, bedeutete alles Anpreisen nichts, und wenn die Paprika bei der Nachbarin besser waren, dann musste es bei der anderen *baba* zumindest die Tomate sein, die er gelten ließ. »Alte«, wie er sie immer nannte, wenn er nicht *baba* sagte, das heißt auf Kroatisch *stara* und gilt nicht als Schimpfwort. Die meisten verheirateten Paare nennen sich irgendwann liebevoll *stara* und *stari,* Alte und Alter. Das ist nicht stillos oder grob, vielmehr steckt dahinter ein liebevoller Hinweis auf das Leben, das man schon hinter sich hat. Im Fall eines Ehepaars gemeinsam.

Die Marktshow war einer der Gründe, weshalb die Menschen gerne auf die Märkte gingen, denn die Großmütter ließen nichts auf sich sitzen. Sie schummelten einem gerne die Ware von gestern in die Tüte, aber wehe, einer wies darauf hin, dann wurde gekrächzt. Heute jammern sie nur noch, weil die Supermärkte die Obstmärkte überholt haben. Dort fragt keiner, ob die Ware heute Morgen gepflückt wurde, ärgern sich die *babas*, dort, in diesen Supermärkten, nehmen die Leute alles, was ihnen vorgesetzt wird, ohne zu probieren, selbst Rohes und aus dem Gefrierfach, jammern sie. Und krächzen dabei wie früher. Ja, diese Frauen krächzen, sind in schwarze Kleider gehüllt, und tatsächlich stehen sie so unwirklich da wie Frau gewordene Krähen. Jede von ihnen krächzt ab einem gewissen Alter, als wäre das Krächzen ein genetisches Programm. Sie krächzen nicht etwa, weil die Stimmbänder über die Jahre versagt hätten, sondern weil es aus ihrer Sicht zum Alter gehört, der Jugend auf die Nerven zu gehen. So erzeugen sie diesen schrillen Klang, dieses gequälte und quälende Ächzen beim Reden. Und wenn sie ausgereifte *babas* sind, dann wird dieses Krächzen auch noch nasal.

Nein, ich übertreibe nicht. Sie sind so. Genau so. Sie haben nichts anderes im Sinn, als der Jugend auf die Nerven zu gehen. Weil sie keine Angst haben, alleine gelassen zu werden, der anerzogene Anstand der Jugend geht nämlich über jedes Gefühl des Genervtseins hinaus. Mein Cousin hat in seiner Schauspielerphase den Spieß einfach umgedreht. Er wollte sie zurücknerven. Und es war wunderbar, weil sie nur darauf warten, sich von ihrer bösesten Seite zu zeigen. Sie sind mehr Knecht Ruprecht als der Weihnachtsmann, wenn es um die Rolle geht, die sie vor den Kindern spielen wollen. Ihre Stimmen sind inzwischen Kult. Manche fordern den Status des immateriellen Weltkulturerbes für sie. Die Werbebranche hat sie bereits entdeckt und nutzt diese *baba*-Stimmlage für Radiowerbung. Alles, was an Kritik an einem Produkt hervorgebracht werden könnte, bringen die krächzenden *babas* hervor, sodass es keiner mehr wagt, Produkte zu kritisieren – man könnte ihm sonst vorwerfen, er rede wie die krächzenden Großmütter. Sie nerven. Sie nerven alle und jeden. Aber man lacht und staunt über sie. Besonders beeindrucken sie einen, wenn sie am Straßenrand sitzen. Stundenlang. Tagelang. Den ganzen Sommer über. Sie stellen einen Holztisch am Wegrand auf, legen eine Tischdecke darüber und ein Schild mit der Ware, die sie darauf liegen haben. Sie finden immer jemanden, der ihnen das Schild schreibt, so wie sie immer einen Platz finden, der an eine Fläche grenzt, auf der ein Auto parken könnte. Dort verkaufen sie ihren selbst gemachten Hartkäse, ihr selbst angebautes Obst, das eigens geerntete Gemüse und Honig. Von wem sie den Honig haben, ist nicht immer klar, aber sie haben ihn.

So sitzen sie da, wie Holzfiguren. Reglos. Die Hände im Schoß gefaltet wie zum Gebet. Die Haut sonnengegerbt von der Arbeit auf den Feldern. Auf ihren neun Lagen Röcken und Unterröcken. Die dünnen Fesseln schauen unter den Röcken hervor. Müde Fesseln. Füße in schwarzen Schuhen. Schwarzen Socken. Viele sind Witwen. Wer nicht Witwe ist, trägt dunkelblaue Röcke, auch nicht viel heller. Als wollten sie sich schon vorbereiten auf ihre Witwenzeit. Mit ihren gefalteten Händen sitzen sie am Wegrand und ringen mit der Zeit. Die trotzdem vergeht. Sie denken vielleicht an die Jahre, als Haus und Hof voll mit Mann und Kindern waren und sie diese Zeit nicht zu nutzen wussten. Vielleicht denken sie daran. Vielleicht denken sie aber auch an etwas ganz anderes. Im Grunde weiß keiner genau, woran sie in diesen Stunden Straßenrandwache denken. Und im Grunde kann sich auch keiner vorstellen, dass diese steinalten Frauen einst junge Mütter waren. Sie wirken, als wären sie alt geboren, um genauso holzskulpturenartig am Straßenrand zu sitzen und sich das Überleben zu sichern. Sie sind müde. Doch viel mehr noch sind sie zäh. Sie ringen dem Leben Jahre ab, ganz gleich, wie viel sie gelitten haben und wie gut oder schlecht ihr derzeitiges Leben ist. Sie wissen, wir Menschen haben nur das: Leben. Und darum schenken sie es keinen Tag eher her, als sie müssen. Die Qualität dieses Lebens ist zweitrangig. Gelitten haben sie ohnehin. Das können sie. Enge Dorfleben in ihrer dörflichsten Form haben sie erlitten. Nach ihrem Glück wurden sie nie gefragt. Daher haben sie auch keine Antworten darauf gesucht. Es muss sie in dieser Gegend schon immer gegeben haben. Denn die alten Volksmärchen sind voll von der Figur Baba Jaga. Das sind die Bösen, vor denen sich die Kinder fürchten. In deutschen Märchen nennt man sie Hexen. Was die Sache erleichtert, denn Hexen sind aus einer anderen Welt. Sie heißen Hexen, böse Hexe oder kleine Hexe, in keinem Fall heißen die Bösen Oma Rose. Dass bei uns die *baba*, die Großmutter, die Böse war, das brachte uns das Böse schon in der Kindheit grausam nah. Und verband es mit unserem Leben. Das Böse ist nichts, was nur fern im Wald lebt und uns in die Fänge kriegt, wenn wir uns verlaufen. Nein, das Böse, die böse Frau, trägt den Vornamen unserer Großmutter. Für mich kam erschwerend hinzu, dass sie als Nachnamen auch noch meinen Vornamen trug. Ein möglicher Spitzname des kleinen Mädchens namens Jagoda war Jaga. Und immer wenn ich als kleines Mädchen diese Märchen hörte, fragte ich mich, was nur aus mir werden kann, wenn ich heiße wie diese Hexen.

Dass die *babas* so grausam sind, ist vielleicht nicht mehr und nicht weniger als ein Trick, den sie anwenden, damit wir Jungen nicht denken, wir müssten sie lieben. Sie sagen manchmal, wir sind alt, wer liebt uns schon? Und allein deshalb, weil sie einen von dieser Forderung nach Liebe erlösen, machen sie es einem leicht.

Und doch, manchmal, wenn sie nach Hause kommen, in ihre Häuser, die manchmal noch Steinhäuser sind, werden sie von den krächzenden schwarzen Kleiderfrauen zu der Frau, die die Mutter deiner Mutter ist, die dir eine Suppe kocht und dir ein gutes Leben wünscht. Sie legt dann eine seltsame Art von zwingender Fürsorge an den Tag, die sich in dem besorgten Wunsch äußert, dass die Enkel ihr Leben gut richten, wenn auch nur als Beweis dafür, dass ihre Kinder, die Eltern der Enkel, alles richtig gemacht haben. Sie lassen nichts kommen auf ihre Kinder, selbst wenn sie selten wirklich gut zu ihnen sind. Zuwendung sollte man in diesen Häusern nicht suchen, denn jedes Enkelkind wird ohne weitere Erklärung stehen gelassen für die Hausarbeit, das Vieh auf dem Hof oder die Hühner hinter dem Zaun, die Maiskörner brauchen. Sie halten sich lieber an Beständigeres als die Jugend. Oder die eigenen Kinder. Auch das eine Entlastung. Wie klug sie sind, wie genau sie wissen, was sie tun, ist vor allem an ihren sicheren Handbewegungen abzulesen. Und manchmal, selten, legen sie ihre rauen Arbeiterhände in deine. Du fährst über diese dünn gewordene Haut und glaubst kein Wort mehr von der Härte, die sie an den Tag legen. Sie haben gelernt zu überleben. Dünnhäutig sind sie unter ihren Röcken. Aber sie lassen dich damit in Frieden.

Fahren Sie in jedem Fall nicht nur Autobahn. Dann werden Sie diese alten Frauen kennenlernen. Auch auf den Inseln. Selten am Meer. Sie mögen das Meer nicht. Dort sind sie nicht zu Hause, es gibt zu wenig zu tun für sie. Sie leben lieber im Hinterland. Mit den Tieren. Auf den Feldern. Dort lebt es sich härter, und das brauchen sie. Kommen Sie mit ihnen ins Gespräch. Und früher oder später wird ein Kind oder Enkelkind dazukommen, denn niemand lässt die *babas* allein mit Fremden. Diese Kinder und Enkelkinder werden sich mit großer Selbstverständlichkeit um die Großmütter kümmern und ihnen doch das Gefühl geben, sie hätten die Situation im Griff. Niemand fragt, was er von seiner *baba* bekommen hat. Denn selten hat man etwas bekommen. Selten Schokolade oder eine Packung Bonbons. Aber doch das Leben. Vielen Widrigkeiten zum Trotz.

Früher dachte ich, nur ich liebe diese seltsamen, geheimnisvollen alten Frauen, deren Lebensgeschichten unter all den Schichten Röcken und Kopftüchern verborgen liegen. Doch dann hörte ich ihre Stimmen im Radio. Und als ich die Galerie für naive Kunst in Zagreb betrete, fällt mir als Erstes eine kleine Holzskulptur auf dem Ofen rechts vom Eingang ins Auge. Sie heißt Baba Jagoda. Das ist kein Witz. Nicht einmal erfunden ist es. In der ersten Galerie in der berühmten Zagreber *Tkalčićeva* (ich weiß, ich kann es selbst kaum aussprechen), sehe ich eine müde Großmutter, die auf einem Stein sitzt und den offenbar schweren Kopf abstützt. Am meisten Eindruck machen die nackten Holzfüße der müden Baba Jagoda. Wie groß sie sind. Die Kuratorin erklärt mir, das sei eben naive Kunst, die Künstlerin schaffe nicht reale Proportionen, sondern solche, wie sie sie als Kind wahrnahm. Autodidakten seien sie alle, diese naiven Maler, folgten den Proportionen der eigenen Empfindung statt der mathematischen. Ich starre auf die kleine Skulptur: diese großen schweren Füße, die den kleinen schweren Kopf tragen. Den müden Körper. Daneben ihr Name, in Holz geritzt. Und ein Eimer, mit dem sie wohl das Wasser aus dem Brunnen holt, steht neben ihr. Die Galeristin verkündet stolz, ein Niederländer habe gerade *Baba Jagoda* für 3000 Euro gekauft. Das einzige Werk, das sie in der letzten Zeit verkauft hat. Der Rest sei den meisten zu naiv.

Sie werden, wenn Sie bei einer *baba* am Straßenrand anhalten, von allem, was sie zu bieten hat, probieren dürfen. Anfangs wird Ihnen mulmig zumute sein, denn »Der Kunde ist König« ist ein Satz, den die *babas* noch nie gehört haben. *Sie* sind die Zarinnen ihrer Ware, schließlich haben sie sie hergestellt. Und wenn Sie es sich verdient haben, indem Sie einen fairen Preis bezahlen und die *baba* nicht bis zum Selbstkostenpreis herunterhandeln, dann bekommen Sie in einer kleinen, durchsichtigen Plastiktüte etwas vom Besten, was Sie in diesem Land essen können, gereicht. Wenn Sie sehr viel Glück haben, gehört das unwiderstehliche Zahnlückenlächeln dazu, das Falten um *babas* Augen zieht, die plötzlich lachen, als wären sie noch in einem Kindergesicht. Drehen Sie sich dann nicht um, wenn Sie davonfahren. Es könnte Ihnen vorkommen, als hätten Sie das alles eben, dieses Zahnlückenlächeln und das kurze Glück in den Augen, nur geträumt.

Istrien – die Toskana, wie sie früher war

Dieser Spruch, dieses »... wie es früher war«, ist der Satz, der Ihnen in Kroatien aus allen erdenklichen Reiseführern und Werbefilmen entgegenkommen wird. Vielleicht liegt das gar nicht so sehr an Kroatien, sondern daran, dass die Journalisten das Land erst spät entdeckt haben und, als sie es entdeckt haben, immer noch kein Fortschritt in Sicht war. Doch dieses Klischee ist nicht aus der Welt zu schaffen. Wir verdanken es wahrscheinlich wieder dem kroatischen Ministerium für Tourismus, jedenfalls hat irgendjemand in hoher Auflage für die Verbreitung dieser Idee gesorgt, vor allem im angelsächsischen Raum. Dieses Ministerium oder sonst ein großer touristischer Geldgeber füttert seit Jahren die angelsächsischen Werbepausen im Stundentakt mit Bildern von kroatischen Großmüttern, Olivenbauern, Winzern und Fischern. Er jagt sie schonungslos über alle englischsprachigen Kanäle. Wenn Bilder tatsächlich die Seele forttragen, wie Indianer das behaupten, dann hat keine kroatische Großmutter, kein Olivenbauer und Fischer noch Seele bei uns im Land. Selbst auf den Bussen Londons fahren Bilder des idyllischen Inselmittelmeers von gestern mit dem besagten Motto durch die Stadt: *The Mediterranean as it once was.* Der Gipfel der Verbreitung dieser Gestrigkeit schien mir erreicht, als meine argentinische Freundin, die inzwischen in London lebt und mit Kroatien nie etwas am Hut hatte, plötzlich anrief und sagte, sie müsse jetzt unbedingt nach Kroatien reisen. Und dann, als hätte man es in ihre Stimme einprogrammiert, dieses: *The Mediterranean as it once was.*

Aber lassen wir das. Ich sage es Ihnen gleich: Das Gestern werden Sie hier heute nicht finden. Fahren Sie trotzdem von Zagreb aus nach Istrien. Am besten machen Sie vorher noch einen Ausflug nach Varaždin, wo das Špancirfest die barocke Geschichte der Stadt aufleben lässt. Das Schloss Trakošćan sollten Sie einbauen, das tun um die 40 000 andere Touristen jedes Jahr auch. Es ist eines der meistbesuchten Schlösser Kroatiens – und eben nicht Schloss Neuschwanstein, was bedeutet, Sie können sich in diesem Schloss problemlos einmal um die eigene Achse drehen.

Wenn Sie Zagreb und Nordkroatien gesehen haben, machen Sie einen Abstecher nach Istrien. Sie werden, wenn Sie von Zagreb kommend den Učka-Tunnel anfahren, mit einem atemberaubenden Blick auf Opatija und die Kvarner Bucht belohnt, den Sie besser nicht genießen sollten, weil die Autostraße steil den Hang hinabfällt. Vielleicht nehmen Sie einen begabten Beifahrer mit, der Ihnen von der Schönheit der Aussicht erzählen kann.

Istrien ist, auch Sie werden sich dieser Erfahrung nicht entziehen können, eine magische Halbinsel. Als mich das erste Mal eine junge Frau aus Zagreb in Pula abholte, war schon nach zehn Minuten klar, dass wir es hier mit ihrer Lieblingsecke Kroatiens zu tun haben. Und sie ist nicht die Einzige. Sie ist fast ein Klon der zahllosen Bewohner Zagrebs, die ihr Refugium von der Stadt auf dieser Halbinsel finden. Die meisten Kroaten haben zu Istrien ein besonderes Verhältnis. Die Erklärung, die diese junge Dame dafür lieferte, die da fröhlich in ihrem Ford Ka aus Zagreb angefahren kam, um mich in Pula vom Flughafen abzuholen, war bis heute die verrückteste, die ich je über die Magie Istriens gehört habe: Sie hatte in einem Buch eines Geoweiß-nicht-was-Esoterikers über Istrien gelesen. Dort habe gestanden, unterhalb von Istrien verliefen drei Energieströme, die sich normalerweise gegenseitig aufladen und explodieren müssten. In Istrien jedoch verliefen sie unter-, über- oder nebeneinander, so jedenfalls, dass sie sich nicht einmal berühren. Kein Aufeinanderprallen. Keine Interferenzen. Daher die Idylle über der Halbinsel. Diese Geoirgendetwas-Erklärung hielt auch dafür her, dass hier, in dieser Gegend, zwei Nationen, die italienische und kroatische, inzwischen friedlich zusammenlebten, während die schwierige Geschichte der anderen Teile dieses Landes ja bekannt ist.

Ich nickte nur und fragte mich, was diese Energieströme wohl auf der restlichen Welt machen. Ich widersprach nicht weiter, die Frau war zu urban. Sie wusste nicht, wovon sie sprach, dafür aber mit größter Überzeugung, erlangt durch den aufwärts- und abwärtsgerichteten Hund, gemeinhin auch Sonnengruß genannt. Als eingefleischte Yogi – oder heißt es Yogini? – hatte sie die Strömungen natürlich schon am eigenen Leib erfahren. Solchen Yogis konnte ich schon in Deutschland nichts erklären. Sie sahen mich im Laufe eines jeden Gesprächs irgendwann verzweifelt an und behaupteten, ich verstünde den Kosmos nicht. Dabei verstand ich schlicht und einfach sie nicht und konnte an diesem Punkt mit dem Kosmos das sinnlose Gespräch endlich beenden.

Früher war man in Kroatien vor solchen Leuten sicher. In Kroatien war man bodenständig, machte kein Yoga, aß kein Sushi, sondern Lamm und Gulaschsuppen. Heute sind auch hier fast alle Städter bewusstseinserweitert und haben als Konsequenz meist eine Lebensmittelallergie. Die Theorie dieser Frau passte also nicht in diese bodenständige, langsame Region, aber sie war so überzeugend, dass sie es nun bis in meine Gebrauchsanweisung bringt. Aber bitte verbuchen Sie diese Energie-Story unter der Rubrik Anekdoten. Derer gibt es hierzulande viele. Diese neuen Urbanen fügen ihre ganz eigenen hinzu, wer weiß, vielleicht wird über die Jahre auch aus denen noch etwas.

Wenn man nicht gerade wahre oder erfundene Anekdoten zum Besten gibt und sich so in der Welt positioniert, philosophiert man in Kroatien gerne über das Leben. Früher auch über das Sterben, doch das nimmt rapide ab, das Philosophieren über das Leben ist inzwischen anspruchsvoll genug. Dabei bezeichnen Kroaten jede noch so undurchdachte Äußerung über die Welt, die nichts mit dem Alltagsleben zu tun hat, als Philosophieren. Am Meer hören Sie die meisten Philosophen. Es sind die alten Herren. Belauscht man sie, am Strand, auf den Parkbänken, in den Cafés, egal wo, braucht man nie wieder Becketts Wladimir und Estragon, um zu verstehen, worum es beim Warten auf Godot letztlich geht. Es ist glasklar, dass sie dieses Gespräch an dieser Stelle mit diesem Gesprächspartner oder mit einem anderen, der dasselbe sagt wie dieser Gesprächspartner, schon einmal geführt haben. Und noch einmal. Und noch einmal.

Das Ulysses Teatar hat 2004 *Warten auf Godot* auf der Insel Goli Otok aufgeführt. Es war ausverkauft, doch kaum ein Kroate konnte hin, er wartete selbst schon auf Godot. Und vor allem mied er die Insel, die das Theater als Schauplatz gewählt hatte. Wieder einmal hatten Rade Šerbedžija und seine Crew den Finger auf die Wunde gelegt. Die beinahe zum Schweigen verdammte Insel, Goli Otok, war fast vierzig Jahre lang das Hochsicherheitsgefängnis Kroatiens. Dort nun Becketts *Warten auf Godot*? Auch über so etwas würden die alten Herren philosophieren, darüber, ob die Künstler das dürfen oder nicht dürfen. Allein, um diese Meeresgespräche der geschichtssatten Menschen zu verstehen, sollten Sie Kroatisch lernen. Ich weiß, dazu bringe ich Sie wahrscheinlich nicht so einfach, für ein Vier-Millionen-Völkchen eine komplexe slawische Sprache zu lernen. Wenngleich die kroatische Bevölkerung, die Diaspora eingeschlossen, auf stolze acht Millionen kommt. Aber... Schon gut, ich führe das Thema nicht weiter aus, aber dennoch...

Die alten Meeresphilosophen stehen jedenfalls für eine kroatische Lebensart an sich. Die Frauen sitzen auf den weißen Bänken an den Uferpromenaden, haben ihre müden Beine oft unter langen Kleidern versteckt. Die Herren spazieren gerne nebeneinander her, ruhen sich aus, spazieren wieder, die Hände verschränkt hinter dem Rücken. Sie werden gleich mit alten Meeresmenschen ins Gespräch kommen, viele können ein paar Brocken Deutsch und nutzen diese phantasievoll. Sollten Sie nicht Kroatisch sprechen und philosophieren können, werden Sie normalerweise innerhalb der ersten zehn Minuten nach Ihrem Sternzeichen gefragt. Das rangiert von der Bedeutung her unmittelbar hinter der Philosophie. Sie werden übrigens, auch dann, wenn Sie Kroatisch können und philosophieren, innerhalb von zehn Minuten nach Ihrem Sternzeichen gefragt, gerade dann. Denn wer sich in Sachen Philosophie mit einem Kroaten versteht, bei dem ist der Schritt zur Astrologie nur ein klitzekleiner. Wenn er diesen Schritt vollzieht, haben Sie einen Beweis für seine Sympathie. Diese, ist sie fundamental genug, verlangt nach spätestens sieben Gesprächsminuten eine Antwort auf die Frage nach der kosmischen Verbindung zwischen den Gesprächspartnern. Er wird jubeln, glauben Sie mir, vielsagend nicken, als wäre jetzt endlich alles geklärt. Wenn Sie dann nachfragen, was genau er denn an Ihrem Sternzeichen so mag, dann hören Sie meist: Meine Mutter / mein Vater / mein Bruder / mein erster Banknachbar in der Schule / meine erste Liebe / meine Großmutter mütterlicherseits / mein Großonkel väterlicherseits … war auch Widder. Oder eben jedes sonstige Sternzeichen, das Sie sind. Das ist dann auch sicher nicht gelogen, denn auch bei all denen, die er gerade nannte, wird die kosmische Verbindung erfragt worden sein. Das spricht auch Bände über die kroatische Lust an der Vertiefung. Man smalltalkt gerne über alles und jedes, geht jedoch ungern über zu Tiefschürfendem – das macht die Dinge nur unnötig kompliziert. Die friedlich nebeneinanderfließenden Energiebahnen könnten plötzlich doch kollidieren, und dann … Sie wissen schon.

In Istrien jedenfalls können Sie sich unbesorgt bewegen. Hier kollidiert – im Verhältnis zum Rest des Landes – wenig. Das Schlimmste, was ich mir in Istrien vorstellen kann, und das ist dann wirklich das Schlimmste, ist der Kampf um das Kleingeld im Radius von einem Kilometer um die Parkscheinautomaten herum. Das ist die heiße Zone, in diesem Bereich reagiert jeder gereizt, vor allem, wenn Sie mit einem Schein in der Hand auf einen Cafébesitzer in Hafennähe zulaufen. Oder auf einen Kiosk. Alle, die in der Schlange stehen, verdrehen bereits die Augen. Sie werden gleich ahnungslos und mit diesen Blicken im Nacken nach Wechselgeld für Ihre Parkuhr fragen. Und niemand im Umkreis von einem Kilometer wird Ihnen zu Hilfe eilen. Der Cafébesitzer, den Sie eben noch ahnungslos angelächelt haben, wird Sie voller Ironie fragen, was Sie eigentlich denken, wie viel Wechselgeld er in der Kasse hat. Sie werden dem Herrn wahrheitsgemäß antworten: Ich verstehe Sie nicht. Er wird Sie geringschätzig ansehen, so vernichtend, dass Sie sich fühlen wie das letzte Mal zu Schulzeiten, als der Lehrer die Klasse laut wissen ließ, dass Sie das mit der Mitternachtsformel als Einziger noch immer nicht kapiert haben. Der Cafébesitzer wird den Kopf schütteln, seinen Arm heben wie Jesus seinen, bevor er übers Wasser ging, und dann wird er diesen Arm durch die Luft gleiten lassen, bis seine Hand in Richtung der Parkplätze zeigt. Das wäre Ihre Antwort auf Ihre dumme Frage. Er wird eine schmutzige Tasse vom Tresen entfernen, in aller Ruhe. Dann wird er sich die Zeit nehmen, Sie anzusehen, als wären Sie der einzige Mensch auf dieser Welt, der noch keinen Idiotentest bestanden hat, und wird Sie fragen, weshalb Sie mit Ihrem Schein nicht einfach einen Kaffee bestellen, dann hätten Sie auch das Wechselgeld. Ganz ohne ihn anzubetteln. Stellen Sie sich nur einmal vor, wie das wäre, wenn das jeder Einzelne, der seinen Wagen auf diesem Parkplatz abstellt, mit ihm macht. Da kann er doch gleich zumachen und eine Wechselstube eröffnen. Er hat es satt, sich das Kleingeld aus der Tasche ziehen zu lassen, er ist schließlich nicht als Geldwechselautomat hier. Er verkauft Kaffee. Sie werden nicken, selbst wenn Sie nichts verstehen, weil seine Stimmlage für einen westlicheren Europäer keinen Widerspruch erlaubt. Sie werden einen Kaffee bestellen, weil Sie spüren: Nur so ist diese Situation zu retten. Sie werden nicken, wenn er Sie, wieder freundlich, fragt, ob Ihnen sein Kaffee schmeckt, und dabei denken, er hätte besser doch eine Wechselstube eröffnet. Dann erst, wenn Ihre Demut all seine großspurigen Gesten ertragen hat, Sie immer noch nicht beleidigt davongezischt sind, wird er sich Ihrer annehmen, wird zum fürsorglichsten Caféinhaber, den Sie je erlebt haben. Plötzlich wird er Ihnen das Kleingeld persönlich in die Parkuhr einwerfen.

Warum ich Ihnen das ankündige? Damit Sie wissen: Es ist alles ein Spiel. Alles ist Inszenierung. Die Kroaten lieben das Theater. Und wer nicht auf die großen Bühnen kommt, nutzt die kleinen des Alltags. In Alltagsgesprächen gestikuliert er wild, hofiert Herzensmenschen und schimpft mit ihnen, wirft sich in Schale und setzt sich in Szene. Die Augenbrauen spielen dabei eine Hauptrolle in diesem Alltagstheater, der Zug der Augenbrauen, zusammen über die Nase oder doch besser eine hochziehen, die Skepsis oder Warnung in jedem klitzekleinen Haar. Dabei kann die Augenbraue, die eine, wirklich alles verheißen, so wie die Hand, die manchmal die Gesprächspausen setzt. Sie dürfen es nicht allzu ernst nehmen, müssen es genießen, wie ein Schauspiel – oder sich theatral darüber ärgern, dann sind Sie fast schon Einheimischer, denn theatrales In-die-Luft-Gehen ist die stündliche Katharsis, die ein echter Kroate braucht.

All diese hübschen Städtchen, zu denen Sie sich aufgemacht haben, sind Touristenstädtchen. Doch die Menschen leben neun von zwölf Monaten eines Jahres unter sich. Mehr als drei Viertel ihres Lebens lebten sie zudem in einem Land, das nichts von Konsumenten und Touristen hielt. Sie sind zu stolz, um in den Sommermonaten plötzlich ihr sprödes Temperament nach dem touristischen Wind zu drehen. Sie wissen auf jede dumme Frage eine dumme Antwort zu geben. So etwas wie die Behauptung, dumme Fragen gebe es nicht, hat hier noch nie einer gehört. Im Gegenteil. Es gibt sehr wenige Fragen, die nicht dumm sind, vor allem, wenn sie von Touristen gestellt werden. Sie werden ihm hier nicht begegnen, dem hilfsbereiten New Yorker oder dem gastfreundlichen Vietnamesen. Sie haben es mit einer Gastfreundlichkeit zu tun, die schroffe Ecken und Kanten hat. Selbst hier in Istrien. Ich muss Ihnen das sagen, bevor Sie sich aufmachen. Oder wenn Sie zurück sind und sich fragen, weshalb Sie in ein Land gefahren sind, in dem man Sie immer wieder beleidigt hat. Ich muss Ihnen das sagen, auch wenn es sich langsam ändert. Vielleicht sage ich es Ihnen auch nur, damit Sie überrascht sind, wenn es letzten Endes anders, ganz anderes kommt, als ich es hier nach zwanzig Jahren Reisen durch das Land behaupte.

Willkommen also in Istrien. Sie werden nur Stunden brauchen, um zu sagen: Ich habe fast vergessen, dass es die Welt da draußen gibt. Die Zeit steht still hier. Es gibt nur wenige Touristenhochburgen in Istrien. Wenn Sie klug reisen, kommen Sie um so manche herum. Dann werden Sie dasitzen, vielleicht mit dem Menschen, mit dem Sie sich auf die Reise gemacht haben, ins Weite blicken und einen der bezauberndsten Flecken der Erde sehen. Ich möchte mich in diesen Moment dann natürlich nicht mehr einmischen, doch um eines möchte ich Sie bitten: Sagen Sie ihm in dieser glücklichen Minute Ihres Lebens nicht diesen Satz. Na, Sie wissen schon: So stelle ich mir die Toskana vor, wie sie früher war. Nur mit Blick aufs Meer.

Wer isst heute noch italienisch?

Nicht einmal die Italiener selbst. Kürzlich erst erfuhr die Welt: Italienische Kinder gehören zu den weltweit dicksten, weil die Mamma nicht mehr hausgemachte Pasta kocht. Da hatten die Kroaten mehr Glück: Bei ihnen hat nie nur die Mama gekocht. Im Sommer legte Papa (*tata*) immer Fisch und Fleisch auf den Grill, das nannte sich *gradele* oder *na žaru*. Die Mama machte im Sommer meist nur die Suppe und den Salat, während *tata* seine Männlichkeit an den Steinöfen ausspielte.

Es gibt jedoch neben Istrien kaum eine Ecke Kroatiens, in der Sie – geografisch wie kulinarisch – näher an Italien sind. Das liegt auch an den zwei- bis dreisprachigen Straßenschildern an den Ortseinfahrten. Ja, Sie haben richtig gelesen: Diese kleine Halbinsel packt drei Amtssprachen unter einen Hut. Im italienischen und slowenischen Teil von Istrien spricht man Italienisch und Slowenisch. In den kroatischen Gebieten spricht man Kroatisch und Italienisch. Ganz Istrien spricht also drei Sprachen, womit wir wieder bei der Dame mit den drei Energieströmen wären.

Es wird außerdem noch Rumänisch, Deutsch und Albanisch gesprochen, das werden Sie als Erstes in der Eisdiele erleben, wenn der Kellner allen Gästen die Kugel in ihrer jeweiligen Landessprache serviert. Und Sie werden erblassen vor Neid: Der Kellner spricht all diese Sprachen auch noch gut. Zumindest klingt es so.

Das Besondere an Istrien: Sie brauchen von der einen Seite der Halbinsel zur anderen nur eine Stunde. Und passieren dabei kleine, in sich geschlossene Welten. Städtchen, kleine Orte, Naturschutzgebiete. Jeder noch so kleine Ort hat seinen eigenen Charakter, sein Stückchen Geschichte, seine Traditionen, die er pflegt. Auch kulinarisch. Buzin beispielsweise bietet Führungen an, bei denen Touristen die traditionelle Brotbackkunst nahegebracht wird.

Tartufi sind der Stolz Istriens, denn sie wachsen nicht überall, nur in bestimmten Erdschichten und in der Nähe der Mirna, der Ruhigen. Keine Frau, nur ein Fluss, obschon auch eine Frau so heißen könnte. Istrien bietet, wenn man den Ortsansässigen Glauben schenken mag, einige der besten Trüffelsorten der Welt. Schwarze und weiße. Sie wachsen unter der Erde, um sie zu orten, braucht es einen eigens dafür dressierten Hund. Wo man sich diese äußerlich kartoffelähnliche Pilzdelikatesse servieren lässt, sollte dennoch gut überlegt sein, nicht jeder weiß, wie man diese teuren Erdgewächse gekonnt serviert.

Istrien ist eine *tartufi*-Halbinsel. Sprechen Sie die Bewohner der Peninsula auf *tartufi* an, ernten Sie nicht selten ein Schnalzen mit der Zunge. Das soll das Geräusch sein, das besagt: Davon kriegen Sie nie genug! Jeder noch so kleine Ort in Istrien verkauft *tartufi*. *Tartufi* als Öl. *Tartufi* in Soßen. *Tartufi* an Pasta und *tartufi* in Pesto. Unzählige kleine Familienläden sind auf *tartufi* spezialisiert. Und Sie überleben, denn die Preise für die kleinen, knolligen Pilze sind horrend.

Tartufi sind ohne eines nicht mehr zu denken: *fuži*. Fast immer hausgemacht. *Fuži* sind der Beweis dafür, dass Istrien nicht Italien sein will, sonst könnte man die *fuži* auch einfach Pasta nennen. Kommen Sie in einem Restaurant jedoch auf die Idee, nachzufragen, ob *fuži* Pasta sind, wird man entrüstet den Kopf schütteln und betonen: Nein, *fuži* sind eine lokale Spezialität. Eine halbe Stunde später haben Sie einen Teller hausgemachter Pasta namens *fuži* auf Ihrem Tisch stehen. Nein, Sie dürfen solche Fragen wirklich nicht dem Verstand überlassen, sonst treibt sie Sie in den Wahnsinn, die Selbstdefinitionswut Ihrer Gastgeber. Fazit: *Fuži* sind keine Pasta, sondern eine hausgemachte Spezialität. Dass es sich bei dieser Spezialität um Pasta handelt, kann nur ich behaupten, die ich keine Ahnung habe und trotzdem meine, Ihnen Istrien nahebringen zu können. Wovon ich jedoch mehr als Ahnung habe: Diese *fuži*, gepaart mit lokaler Soße aus *tartufi*, sind ein Geschmackskonzert. Eine regionale Delikatesse. Trotz allem. Kommen Sie bloß nicht auf die Idee, einen Bewohner Istriens zu fragen, ob das Pasta mit Trüffeln ist. Nein, das geht so nicht. Sie bekommen hier alles, was Sie sich wünschen, aber nur unter den regionalen Namen. Wenn Sie sich an die Definitionen Ihrer Gastgeber halten, wird man Sie königlich bedienen, denn man wird davon ausgehen, dass Sie Ahnung von der Sache haben. Wenn Sie sich für *fuži* mit *tartufi* entscheiden, wird Ihnen der Kellner den ganzen Abend auf Kosten des Hauses immer wieder ein Glas Wein nachschenken. Nun ja, ich schätze, das nur, wenn es Ihnen gelingt, die etwas abgelegenen kleinen Orte der Halbinsel zu finden. Sieh, das Gute liegt nicht für jeden nah.

Brijuni – oder Titostalgija

Es gibt in Istrien einen kleinen Ort, an dem scheidet sich der Istrienkenner vom Istriennichtkenner. Dieser Ort hat nur knapp 3000 Einwohner und doch Weltgeschichte geschrieben. Politikgeschichte. Kulturgeschichte. Fažana ist fast ein einfaches Fischerdorf. Fast. Es hat römische Geschichte und byzantinische. Auch die österreichisch-ungarische Monarchie hat ihre Spuren hinterlassen. Doch allem voran war Fažana immer ein Fischerdorf, nicht zuletzt, weil in Fažana die vielleicht einzige Akademie für Sardellen errichtet wurde. Das ist keine kleine Kunst. Es ist sogar eine ganze Wissenschaft. Sardellen lassen sich auf alle erdenklichen Arten zubereiten. Für morgens, mittags oder abends. Bei den vielen jährlichen Fischerfesten bekommen Sie schließlich zu sehen, was in der Akademie aus den Sardellen geworden ist. Die Fischerfeste tragen Namen, die vom Meer, den Fischern und den Fischen erzählen: Das Meer auf dem Tisch. Rhapsody in Blue. Sardellenfest und: Was die Fischer wissen. Jede Gelegenheit wird genutzt, die Menschen vom eigenen Können probieren und profitieren zu lassen. In dieser Hinsicht war Kroatien tatsächlich immer sehr christlich: Dein Talent zeigt sich erst in seinem Nutzen für den anderen. Man könnte das auch Nächstenliebe nennen, doch so weit würde ich nicht gehen, schließlich muss der Nutzen für den anderen gleichzeitig wieder Nutzen für einen selbst haben. Am liebsten in Form von einem kleinen Säckchen Geld. Man will nicht viel, doch Fischer und Meeresmenschen waren immer schon solche, die sich das Überleben sichern.

Außerhalb der Fischerfeste war lange nicht viel los in Fažana. Ein paar Eingeweihte kamen, sich die kleinen Gassen und mediterranen Häuser an der Riva anzusehen. Erst nach dem Tod Titos, als 1983 die vierzehn Inseln zum Nationalpark erklärt wurden und die Schiffe von Fažana aus auf und um die Inseln fuhren, wurde der Ort zu einem beliebten Reiseziel. So sind heute links der Altstadt ein Dutzend anonymer Hotels hochgezogen worden, doch diesen Teil der Stadt, den lassen wir in dieser Gebrauchsanweisung aus. Ich bitte Sie sogar herzlich, in Fažana nur von der Altstadtseite Gebrauch zu machen. Dort bekommen Sie alles, was Sie brauchen, und weit mehr. Sie würden, wenn Sie sich an die Hotels halten, niemals verstehen, weshalb dieser kleine Ort in die Weltgeschichte eingegangen ist. Niemals. Lesen Sie bitte unbedingt dieses Kapitel, bevor Sie die Straßen in Fažana falsch gebrauchen und womöglich an der Riva nach links abbiegen.

Schon Tito wusste früh, wie man das Städtchen gut nutzt: Kaum war er an der Macht, organisierte er von dem kleinen Hafen aus seine Überfahrten auf die Inseln. Im Laufe seiner Präsidentschaft errichtete er sich dort einen Wildpark, eine Sommerresidenz, ein Ferienparadies und, wie manche behaupten, auch einen Lustgarten. Das Versailles der Kommunisten, könnte man sagen. Ganz so war es – vielleicht – nicht.

Die Sommerresidenz Titos, die berühmte *Bijela Vila,* wird noch heute von Staatspräsidenten für diplomatische Zwecke oder den eigenen Urlaub genutzt. Natürlich könnte man auch von Pula aus auf die Inseln, doch so wie die Großen kommt man nur von Fažana aus an.

Was ist so großartig an dieser Insel, dass Fidel Castro, Indira Gandhi, Willy Brandt und Sofia Loren sie besuchen mussten? Wahrscheinlich war es anfangs nur Tito, der all diese Leute auf die Inselgruppe zog, doch etwas muss auch Tito auf diese Inseln gezogen haben, was war es also?

Es gibt die *Mali Brijuni* und die *Veli Brijuni.* Kleine und große Brijuni. Insgesamt zählt der Nationalpark vierzehn Inseln, alle zusammengenommen bieten sie etwas mehr als sieben Quadratkilometer Fläche. Das türkisblaue Meer, das hätte jede der über tausend Inseln der Adria zu bieten gehabt. Doch Spuren von 5000 Jahre alter Geschichte – man setzt hier bei den Dinosauriern an – sind in dieser Form nur hier zu finden. Archäologische Funde aus dem neolithischen Zeitalter und der Bronzezeit. Die Römer herrschten hier, die Goten, Venezianer und Österreich-Ungarn. Ende des 19. Jahrhunderts wird die Insel von dem Industriellen Paul Kupelwieser gekauft und verwandelt sich in ein Luxusresort für die Sommer der Reichen. Sieben Festungen wurden auf diesen Inseln erbaut. Sie wurden immer bebaut, diese Inseln, doch nie so strukturiert und erfolgreich wie damals, als sie Paul Kupelwieser gehörten. Als er der Besitzer war, trafen sich die Aristokraten hier, kulturelle und wissenschaftliche Eliten, Reiche und Berühmte. Selbst Robert Koch kam auf Einladung Kupelwiesers auf die Inseln, denn Kupelwieser musste die Insel zunächst bewohnbar machen. Unbewohnbar war sie aufgrund der Anopheles-Mücke, die Malaria übertrug. Koch löste das Malaria-Problem mit großflächigen Impfungen und der Sanierung der Teiche. Man widmete ihm eine Gedenktafel: dem großen Forscher, dem Befreier der Insel, Robert Koch. Kupelwieser investierte in die Infrastruktur, in Zypressen, Pinien und Alleen, in Tiere und in Bäder. 1913 schon hatte er das erste Winterschwimmbad der Adria fertig: Die Brijuni waren zum Kurort der Reichen geworden. Viele von ihnen blieben mehrere Monate, um sich auszukurieren.

1918 bekamen die Italiener die Inselgruppe Brioni und nutzten sie für Golf, Polo und Regatten. Noch heute spielen die Cafés an der Riva mit Golfmotiven in der Inneneinrichtung. 1943 überließen die Italiener nach der Kapitulation die Inseln den Deutschen, weshalb 1945 die Hotels, die Seebäder und der Hafen zerstört waren. Die Insel wurde nach dem Zweiten Weltkrieg, wie die meisten Teile Istriens, Jugoslawien zugesprochen. Dem kroatischen Teil Jugoslawiens. So kam es, dass Tito auf die Inseln kam. Sie in Besitz nahm. Anders lässt es sich nicht sagen. Tito nutzte den Genius loci dieses Ortes für sich und seine weltweiten Netzwerke. Er machte die Insel zu seiner Sommerresidenz und zum Magneten für die politische wie die Unterhaltungselite. Die Insel übte einen Sog aus auf die ganze Welt. Nur seinen kommunistischen Brüdern, dem einfachen Volk, blieb der Zugang zu den Inseln verwehrt. Per Verbot. Bis heute.

1947 betrat Tito die Inseln zum ersten Mal. 1952 schon baute er neben der großen Sommerresidenz *Bijela Vila* sein kleineres Domizil auf der Insel Vanga. Es heißt, dieses Haus, das er sich auf seiner liebsten Insel bauen ließ, erinnere, wenn man einmal auf der Terrasse stehe, an ein Szenario für James Bond. Auf den Brijuni-Inseln wachsen Pflanzen, die auf dem Festland den Kampf gegen den Stärkeren längst verloren haben. Ein Zufluchtsort für die Flora und Fauna des Landes ist es geworden. Und für exotische Tiere. Die Wildtiere auf diesen Inseln sind Geschenke der Mächtigen und Reisenden, Mitbringsel für Titos ganz persönlichen Safaripark, der bis heute erhalten ist. So leben und weiden hier die verschiedensten Wildtiere nebeneinander. Die indischen Elefanten Sony und Lanka, Schaufelhirsche, der europäische Muffel, Lamas, Zebras, somalische Schafe, Antilopen oder auch das heilige indische Rind. Angesichts dieser Flora- und Fauna-Vielfalt fällt mir an dieser Stelle eine Legende ein, die besagt: Die Brijuni sind entstanden, nachdem Engel die Steinreste des Paradieses eingesammelt haben und sie in die Wellen des Meeres warfen. Sie gingen nicht unter, sondern wurden die heutigen Brijuni.

Es ist wie so oft, da ist ein noch älterer Mythos hinter dem Mythos, ein Grund, warum von einem Ort eine solche Anziehungskraft ausgeht. Auch heute. Kaum an der Riva, stehen die Boote Schlange, um Touristen um die Inseln herumzufahren. Ja, Sie lesen richtig. Bis heute hat nur die Regierung und ein von ihr beauftragtes Buchungsbüro direkt am Hafen von Fažana das Recht, Touristen *auf* die Insel zu schiffen. Alle anderen Anbieter, und es sind viele, fahren die Touristen *um* die Insel herum und zeigen mit dem Finger oder Stock auf die Sehenswürdigkeiten. Der offizielle Ausflug ist eine Tagesreise, an dem man den Nationalpark, die Bauten und die Wildtiere, die Tito aus der ganzen Welt geschenkt bekam, bestaunen kann. Es heißt, Tito habe sechs Monate des Jahres auf den 14 Inseln verbracht, habe geangelt, gegärtnert und Berühmtheiten empfangen. Der Glamour war seine Schwäche. Indira Gandhi brachte ihm zwei Elefanten mit und die Queen Shetlandponys. So mancher britische Journalist, der über die Insel schrieb, behauptete: Von den alten Kommunisten kann man noch einiges über das Leben lernen. Ich würde sagen: von diesem einen.

So streitbar der vermeintliche Mensch dahinter, bis heute wird es nicht still um ihn. Rätselraten, wer er wirklich war. An Kiosken, die Sie in Kroatien allerorts finden, hängen immer auch Magazine, die sich ausschließlich mit Tito beschäftigen, sein Leben hinter der Fassade »enthüllen«. Gerade in Fažana ist jeder Kiosk voll mit diesen Magazinen. Meist sieht man auf dem Cover fünf schöne Frauen, unter jedem Bild steht, weshalb Tito diese Frau liebte oder verließ. Eine schöne, begabte junge Frau nach der anderen, die eine Seite des omnipotenten Präsidenten zu stillen hatte. Diese Magazine drucken Woche um Woche Tagebücher ab, immer die letzten Tagebücher irgendeiner neuen Geliebten oder von Tito selbst. Es wird minutiös erörtert, weshalb Tito diese Damen in der Summe zwar mehr liebte als seine Frau Jovanka, doch im Einzelnen keine mehr als sie. Wenn ihm der Staatsdienst Zeit ließ, nutzte er diese Zeit gerne für die Liebe. Gemeinhin stellt man ihn eher als Liebenden denn als Casanova dar. Mit den Frauen, die in diesen Magazinen vorkommen, verbinden ihn oftmals langjährige Geschichten, die Sympathie der Öffentlichkeit galt eher der einen oder anderen Geliebten als seiner Frau Jovanka. Letztere wird immer als herbe Matrone porträtiert, als die Mutterfrau, die ein mächtiger Mann braucht, weil er nie erwachsen geworden ist und Grenzen braucht, die er nicht einhalten kann, und im Überschreiten einen Genuss empfindet, wie sie ihm die Freiheit nicht schenken könnte. Seine Ehefrau Jovanka wird oft dargestellt wie eine, vor der selbst Marschall Tito sich fürchtete, als wollte sie ihn rückwirkend rehabilitieren, diesen Lebenswandel entschuldigen: Welcher Mann braucht nicht dann und wann zarten Schutz vor so einer gewaltigen Frau?

Die *Bijela Vila*, die weiße Villa, ist mit Sicherheit das bekannteste und pompöseste Gebäude auf den Inseln. Noch heute nutzt sie die Regierung für ausgewählte Staatsbesuche, gerade dieses Jahr soll Präsident Ivo Josipović dort Ban Ki-Moon empfangen haben. Doch Titos Herz hing, trotz dieses riesigen Anwesens, an einer kleinen Insel, auf die er sich seine Lieblingsvilla bauen ließ. Die Insel Vanga. Nur wenige wissen von ihr: Unter den vierzehn Inseln des heutigen Nationalparks Brijuni liebte er eine der kleinsten mehr als seinen pompösen Staatssitz. Kaum einer war je da, nur Eingeweihte, bis heute ist es fast wie früher, als es das Ferienparadies oder der geheime Lustgarten des sozialistischen Jugoslawiens war. Über das Schicksal der Insel Vanga nach Titos Tod höre ich in regelmäßigen Abständen und von verschiedenen Quellen immer zwei völlig gegensätzliche Versionen:

In der einen wird erzählt, auf der Insel Vanga staubt noch immer dieselbe Frau wie damals unter Tito jeden Tag alle Gegenstände im Haus einmal ab. Sie hält Ordnung, bis es aus allen Ecken blitzt und blankt, und wenn sie fertig ist, sitzt sie allein im großen, geputzten Saal und bestaunt Titos Abwesenheit. Ein britischer Journalist, der sich den Weg zu ihr durchgekämpft haben will, fragte sie:

»Spüren Sie seine Gegenwart noch?«

»Ja, ich spüre sie. Jeden Tag.«

Die andere Geschichte, die kursiert, erzählt natürlich das genaue Gegenteil: Vanga sei das Stiefkind der Regierung, niemand außer Tito habe es je gewollt oder wirklich genutzt. Weshalb sich auch heute niemand darum kümmert. Nur Josipović hätte die kleine Insel einmal wieder ins Gespräch gebracht, als er einer Delegation Diplomaten die Insiderinsel unter den Titoinseln zeigen wollte und sich damit vollständig blamiert habe, weil das Haus verwahrlost war, leere Flaschen auf dem Boden lagen, der Staub bis zu den Fesseln stand und auch sonst kam das Ganze einer Lehrstunde in Vandalismus näher als einem Diplomatenbesuch.

Welche Geschichte nun die richtige ist, ob überhaupt eine dieser beiden stimmt, weiß ich nicht. Lieber ist mir die erste. Die der ewigen Frau. Die auch nach seinem Tod tut, was sie vor seinem Tod schon tat. Sie werden es, wie ich, nicht herausfinden, es sei denn, Sie sind Diplomat und zufällig mit einem schlecht vorbereiteten Josipović auf den Brijuni-Inseln unterwegs.

Wenn man Tito, die Reichen und Mächtigen vergisst, offenbart sich zwischen Fažana und Brijuni noch eine ganz andere Geschichte, die die Seele dieses Ortes bis heute beeinflusst. Die von James Joyce. Joyce hat es – mehr aus Zufall denn aus Liebe zum Land – nach Pula verschlagen. Zwischen 1904 und 1905, ein kleiner Aufenthalt, der manchen Städten und Ländern vielleicht eine Gedenktafel wert wäre, doch für Kroatien ist er natürlich mehr wert als das. Während in Triest, wo Joyce lange lebte, eine Spazierstatue von ihm steht, sitzt in Pula die Joyce-Statue, wie könnte es anders sein: im Café. In Triest spaziert Joyce über eine Brücke, sein Gang wirkt von der Seite aus betrachtet lässig, doch von vorne gesehen eher schwer. In Pula hingegen sitzt er in stolzester Pose und mit erhobenem Kopf an einem Cafétisch. Die Nase hält er in den Himmel, arrogant würden manche sagen, doch da sind wir wieder bei diesem wunderbaren Bild, das dieses Land von Künstlern hat: Sie dürfen und sollen sich bitte über die Dinge erheben. Und gerade weil sie das dürfen, sind sie oft so zugänglich, so am Boden geblieben, weil man ihnen jene Luft lässt, die sie zum Atmen brauchen. Das ist natürlich nur ein Teil der Wahrheit. Zeigen Sie mir einen Künstler, ganz gleich welcher Sparte, und ich zeige Ihnen an seinen Lebensstationen die Geschichte dieses Landes auf, die keine einfache war.

Ich schreibe hier über James Joyce, nicht weil wir keine kroatischen Autoren hätten, sondern weil James Joyce, während er in Pula lebte und bei Berlitz unterrichtete, oft nach Fažana spazierte, um dort bei einem Glas Wein mit Freunden über Bücher und das Leben zu reden. Die Zeit in

Istrien war viel zu kurz, bedeutende Werke hat er hier nicht verfasst, sein einziger öffentlicher Auftritt war ein Bericht in der Lokalpresse, in dem er sich als der Englischlehrer ausgab, der er nicht war. Die Rolle kaufte man ihm dennoch ab. In Fažana kam er auf die Idee, die Insel Veli Brijuni zu besuchen, was er an seinem 23. Geburtstag auch tat. Mit Freunden aus seiner Sprachschule setzte er an diesem Tag über. »Any occasion is a good excuse for a holiday«, schrieb er. Und teilte an diesem Tag seinen Kollegen mit: Nora Barnacle erwartete das erste gemeinsame Kind. Das Feiern zwischen Pula, Fažana und Brijuni hielt leider nicht lange an. Noch im selben Jahr wurde in Pula, damals österreich-ungarischer Flottenstützpunkt, ein Spionagering aufgedeckt, und alle Ausländer wurden ausgewiesen. Ein einsamer Engländer, der gern in Gesellschaft von Italienern an der Küste entlangspazierte oder in Kneipen saß, wirkte auf die österreichisch-ungarischen Herrscher suspekt. So kam Joyce´s erster Sohn Giorgio in Triest zur Welt.

Ich erzähle Ihnen die Geschichte dieses außergewöhnlichen Iren, weil seine kurze Station in dieser Ecke der Welt einen außergewöhnlichen Kroaten nachhaltig beeinflusst hat. Es ist ein Echo dieser Vorgeschichte, das dazu geführt hat, dass hier einer das Ulysses Teatar gründet. Dieser eine ist Rade Šerbedžija. Sie werden ihn vielleicht sogar kennen. Er ist, was auch sonst, der Bösewicht in *Mission Impossible*. Er spielte in Stanley Kubricks *Eyes Wide Shut*. Er spielt außerdem in Maria Schraders Verfilmung von Zeruya Shalevs Bestseller *Liebesleben* den dunklen Verführer Arie. Er spielte in Angelina Jolies *In The Land of Blood and Honey*, weshalb ihm viele Serben vorwerfen, seine Seele verkauft zu haben. Sie werden in Kroatien um diesen Mann nicht herumkommen, wenn Sie auch nur einen Blick in die Kultur oder Geschichte dieses Landes werfen möchten. In einer Umfrage, die man 2005 in der US-amerikanischen Diaspora machte, wurde gefragt, welche Figur des öffentlichen Lebens im Ex-Jugoslawien die positivste war. Das erstaunliche Ergebnis: Tito erhielt 45 Prozent, Rade Šerbedžija 15 Prozent und der Premierminister Ante Marković 12,5 Prozent. Das Schlusslicht bildet der Nobelpreisträger Ivo Andrić mit zehn Prozent. Das Phänomen, dass Tito nach 2005 in den Köpfen der Menschen als positive Figur existiert, bezeichnet man als Titostalgija. Diese nachhaltig positive Figur, die es geschafft hat, die eigenen dunklen Flecken über Jahrzehnte hinweg zu überstrahlen, selbst im Nachhall, wurde gefolgt von Rade Šerbedžija, dem Mann, von dem ich Ihnen an dieser Stelle erzählen muss, denn er hat sich die Sommer in Istrien zu eigen gemacht.

Šerbedžija war eines jener berühmten Gesichter, die kurz vor Ausbruch des Bürgerkrieges noch für den Frieden waren, der sich mit dem Ministerpräsident, Ante Marković, in das Parlament begab, um für andere Lösungen zu werben, damit dieser Wahnsinn nicht alle auslöscht. Noch heute versucht man ihn in Interviews mit Fragen nach dieser pazifistischen Aktion aus der Reserve zu locken, er der Intellektuelle, wollte er den Serben nicht die Stirn bieten? Die Stirn vielleicht, aber nicht das Leben. All die Toten, sagt er in Interviews, und schon heute handeln wir wieder miteinander, leben miteinander … Dann bremst er sich aus, greift, wenn sie in der Nähe steht, nach der Gitarre und singt diese Fragen nach dem Unabänderlichen weg.

Ich weiß nicht, ob es einen Schauspieler dieses politischen Formats in Deutschland gibt, einen, der seine Kunst beherrscht, das Leben liebt und gleichzeitig die gesellschaftliche Dimension seines menschlichen Daseins, seines Schaffens nicht außer Acht lassen kann … Sie werden gleich sehen, was ich meine. Wenn nicht, werden Sie es sehen, wenn Sie den Gebrauchsanweisungen dieses Kapitels folgen und auf eine seiner Aufführungen auf den Inseln gehen. Sie können mir diese Anweisung nicht ausschlagen, sie ist ein Muss.

Ich habe vor etwa zehn Jahren das erste Mal ein Interview mit diesem Mann gelesen. Der Titel des Interviews: Ich bin ein Kroate. Serbischer Herkunft. Ich weiß nicht, weshalb mir gerade dieser Satz, den Tausende von Kroaten tagtäglich sagen, so im Kopf blieb. Ich vermute, es war das erste Mal, dass ich einen »Kroaten mit Migrationshintergrund« so bewusst wahrnahm. Dann gleich so ein Hintergrund, so unübersehbar im Vordergrund. Dieses Fragen nach der nationalen Wurzel eines Menschen kannte ich nur aus Deutschland, und ich neidete ihm die Sicherheit, mit der er sich zu seiner Jetzt-Identität bekannte, trotz eines Lebens, das sich zwischen diesen beiden Ländern abgespielt hat. Ich suchte über die Jahre Antworten auf die Frage nach seiner Gewissheit: Als serbischstämmigem Schauspieler boten ihm die Kroaten zu Beginn des Bürgerkrieges kaum Rollen an. Er ging nach London. Ob er angefeindet worden sei damals, oder weshalb London, fragt man ihn immer wieder. Er erklärt diesen Umzug mit seiner gescheiterten Ehe. Und beharrt darauf: Ich bin zu Hause in der Sprache. Im T-e-a-t-a-r. Wenn Sie nur einmal hören könnten, wie klar, weich und müde er das spricht. Dieser Mann, der in der Sprache zu Hause war, zog nach London, daraufhin in die USA, um ein neues Leben anzufangen, weil ein Serbe auf kroatischen Bühnen nicht mehr spielen konnte. Erst in Fažana, als er die Geschichte von James Joyce´s Spaziergängen hörte, davon, wie er hier seinen ersten Sohn gefeiert hat, beschloss Rade Šerbedžija, hier sein Ulysses Teatar zu gründen, das von den Irrungen der menschlichen Reisen erzählt und zugleich vom Ankommen: Er sollte hier erstmals wieder in Kroatien, in seiner Sprache spielen. Bis heute bedankt er sich am Ende einer jeden Vorstellung dafür, wieder in seiner Sprache Kunst machen zu dürfen. Spielen zu dürfen. Sprechen. Es war ein Leichtes für ihn, den Vielgeliebten, die besten Theaterleute zusammenzubringen. Damit meine ich nicht nur nationale Größen. Vanessa Redgrave kam zum zehnjährigen Jubiläum des Ulysses Teatar und gratulierte, Seite an Seite mit Franco Nero. Sie werden jetzt sagen, das ist eine Welt für Eingeweihte, aber wenn Sie in Fažana sind, bitte ich Sie, direkt an dem kleinen Hafen, an dem die Schiffe anfahren, ins Buchungsbüro zu gehen und sich ein Ticket zu kaufen für *King Lear*. Es wird Sie nicht viel kosten, ein Erbe des Sozialismus: Theaterkarten müssen für jeden erschwinglich sein, ganz gleich, welche Prominenz die Hauptrolle übernimmt. Was meinen Sie, wie sonst hätte Rade Šerbedžija in der Bekanntheit unmittelbar auf Tito folgen können? Sie sehen es an dieser Umfrage in der amerikanischen Diaspora. Sie verstehen nichts von diesem Land, wenn Sie nicht verstehen, wie eng die Politik, die Kunst und das Volk miteinander verflochten sind. Auf Gedeih und Verderb, könnte man sagen. Doch deshalb kommen Sie heute für kaum zehn Euro zu einem Abend, den Sie nicht vergessen werden – inklusive einer Schiffsüberfahrt. Sie werden diese Stunden nicht bereuen, ich verspreche es Ihnen.

Ich habe es dieses Jahr natürlich noch einmal gemacht, wie viele bin ich Wiederholungstäterin. Noch einmal ein Ticket geholt, noch einmal diese vier Stunden *King Lear* auf der kleinen Brijuni-Insel gesehen. Ich habe es für Sie gemacht, damit ich Ihnen davon erzählen und ehrlich berichten kann, ob der inzwischen sechsundsechzigjährige Šerbedžija seinen Lear noch kann.

Die Sonne geht in Kroatien früher unter als in Deutschland. Oft auch schneller. Um 19 Uhr 30 soll das Theaterschiff vom Hafen abfahren. Zwielicht. Ich ahne schon das Untergehen der Sonne, die Abenddämmerung, bei der wir gleich auf eine der kleinen Brijuni-Inseln fahren werden. Der kleine Hafen füllt sich von Minute zu Minute mit mehr Zuschauern. Ich frage mich, welches der Schiffe die Menschenmenge auf die Insel fahren soll, sehe mich neugierig um, was das für Leute sind, die heute Abend das Gleiche tun werden wie ich. In jedem Fall habe ich den ganzen Sommer über nicht so viele Brillen gesehen wie in dieser Zuschauermenge. Das Publikum ist ähnlich angezogen wie das Theaterpublikum in Deutschland, wie das in Zagreb, vielleicht fällt mir das nur auf, weil ich sonst tagsüber vor allem Menschen in Bikinis und Badeanzügen sehe. Ich picke mir Gesichter aus der Menge, die ich nach ihrem Leben befragen will, als kurz vor halb ein Militärschiff in dem kleinen Hafen einfährt. Wo kommt jetzt nur dieses Militärschiff her, frage ich mich, da steigen schon die Boten King Lears ans Festland und sammeln das Volk ein. Sie halten Ausschau nach Feinden, sind gehetzt, es geht um Land und Leben. Mann um Mann, Frau um Frau, steigen wir an Bord. Kinder sind kaum dabei. Das Schiff besteht aus einer einzigen großen, tarngrünen Fläche, deren vier Ränder mit Seilen umsäumt sind. Mit so wenig Reling an einem Schiff bin ich bislang nur von einem Neckarufer zum anderen gefahren, denke ich mir, und gleichzeitig, dass die anderen, die Meereserfahrenen, schon wissen werden, wo sie einsteigen. Aus der Mitte der Ladefläche ragt ein drei Meter hoher Turm in die Höhe mit Sichtfenster für den Kapitän. Die beiden Schauspieler, die uns eben noch auf das Boot holten, suchen die Ferne nach Feinden ab. Verwirrender als der unmittelbare Einstieg in das Stück ist die Tatsache, dass ich zum ersten Mal in meinem Leben auf einem Militärschiff stehe. Den anderen Passagieren und Zuschauern ist keine Irritation anzumerken. Doch das muss nichts heißen. Kroaten sind Meister im Sich-nichts-anmerken-Lassen. Ich hätte es ahnen müssen. In Kroatien kommt das

Militär in völlig unerwarteten Ecken auf Sie zu. Sie gehen davon aus, Sie hätten ein Ticket für die schönen Künste erstanden, eine romantische Überfahrt auf eine der Brijuni-Inseln? Fehlanzeige: Die Romantik weicht den Augen des Militärs. Doch was will man bei einem Stück wie *King Lear* auch mit Romantik? Dieses Militärschiff setzt vom ersten Moment an den Ton, infiziert die Literatur mit jener Wirklichkeit, die ihr Leben einhaucht: Ging es Lear nicht um Land und Leben? Die Überfahrt dauert eine knappe Stunde, es ist fast dunkel, als wir ankommen, doch man sieht schon vom Schiff aus einen in der Luft hängenden Stein. Auf ihm thront: der Narr. Er wird uns über das Leben berichten, er wird die Sätze sagen, die keiner hören will und doch jeder hören sollte. Er sitzt da mit dem Gewicht der Welt im Nacken. Die Skulptur des hängenden Steins, der an Seilen zwischen Holzpfählen festgemacht ist, wirkt wie sein ewiges Zuhause. Da sitzt der Narr – und denkt. Er philosophiert. Die Kroaten fangen prompt an, das Geschehen oder eben Nicht-Geschehen zu kommentieren: Ja, da sitzt ein Dreiviertelnackter und denkt. Und weil er so viel denkt, wird er verrückt. *Luda* heißt er. Der Irre. Gleich hört man die einen oder anderen sagen: Es war schon immer besser, nicht zu viel zu denken, sieh mal, was dieses Denken aus uns Menschen macht. Sieh dir das an, erst Stein, dann Wahnsinn. Sie gehen durch dieses Freilichtstück wie Kinder in ihre Kinderstücke. In Deutschland hätte ich nicht lange warten müssen, schon hätte einer die Kommentierenden zum Schweigen gebracht, hier nicht. Na wunderbar, denke ich, selbst im Theater müssen die Kroaten reden, kommentieren und belauschen, es gibt anscheinend keinen Ort in diesem Land, an dem man einfach nur denkt. Kein Wunder, wenn ich mir die Kommentare in den Sinn rufe, die der Narr für sein Denken abbekommen hat: Denken macht verrückt. Reden wir lieber! Im besten Fall hält man es so mit Kleist: Über die allmähliche Verfertigung der Gedanken beim Reden. Wenn man sich jedoch das durchschnittliche Redetempo der Kroaten bewusst macht, bleibt von der allmählichen Verfertigung leider nicht mehr viel. Der Wahnsinn kommt in rasenden Schritten. Lasst uns davonlaufen! So laufen wir alle, etwa 500 Zuschauer, der Kerzenkette am Boden nach. Niemand leuchtet den Weg aus, und so, aus deutscher Sicht, fällt mir auf: Niemand hat auch nur annähernd einen Plan B. Während jeder Veranstalter in Deutschland auch die Regenvariante seines Events planen muss, holen die Kroaten ihre Zuschauer mit einer Militärladefläche ab, kein Dach, nirgends Regenschutz, nichts. Sollte es doch regnen, würde der Abend einfach ausfallen? Oder trotzdem stattfinden? Keine Regenschirme, keine Planen … Selige Veranstalter in dieser Region, denke ich und gehe den Weg weiter, als plötzlich, mitten im Kiefernwald, der erste Akt aufgeht. King Lear will der Liebe seiner Töchter vergewissert werden: Gebt mir in Worten eure Liebe! Und gerade jene, die er am meisten liebt, ist in Liebesworten am schwächsten, verweigert ihm den Honig, nach dem er verlangt … Ich will Ihnen hier natürlich nicht den ganzen Shakespeare erzählen. Nur die kurze Zusammenfassung: Lear, der in seinem Größenwahn die jüngste, ehrliche Töchter verstößt, vererbt alles den beiden Giftschlangen. In Kroatien ist die gute – und böse – Haarfarbe genau umgekehrt: Die bösen Töchter sind blond(iert) und blauäugig, die gute Tochter ist brünett. Ausgleichende Gerechtigkeit, denke ich mir, die ich als Kind immer darunter gelitten habe, dass alle Frauen außer Schneewittchen in deutschen Märchenbüchern blond waren. Jedenfalls behandeln die beiden Lügnerinnen den Vater bald schon wie das Allerletzte, er wird zum Aussätzigen, geht wie ein Bettler durch das Land, trifft dort einen anderen ausgesetzten Sohn, ebenfalls durch Unrecht und zudem die

Lügen des Bruders, die beiden Ausgesetzten werden zum Sinnbild dessen, was unerwiderte Liebe und der eigene Größenwahn mit einem Menschen anstellen können. Was geschieht noch? Es gibt Krieg hier und Krieg da, die eine Schwester geht mit dem Geliebten der anderen Schwester ins Bett, am Ende kommt noch einmal die Jüngste, um King Lear ein schlechtes Gewissen zu machen, weil er damals so ein dummer Vater war, der nur dem schönen Wort verfiel. Ganz zuletzt ist sie tot, wie fast alle anderen außer King Lear auch, weil Shakespeare es in einer Tragödie nicht anders will. As he likes it. Bitte verzeihen Sie mir diese dilettantische Zusammenfassung, aber ein bisschen so fühlt man sich als Zuschauer, der über vier Stunden eine ungekürzte Fassung von *King Lear* zu sehen bekommt. Mir geht es auch nicht um den Inhalt, obschon Rade Šerbedžija an dieser Stelle von europäischen Bündnissen und wie es zu diesem politischen Kontinent kam, zu erzählen hätte, darüber, wie die Weltkriege über uns Europäer hereinbrachen und all das. Šerbedžija denkt das alles mit und wählt daher als Schauplatz auf den Kleinen Brijuni die *Tvrđava Minor*, die Festung Minor. Ende des 19. Jahrhunderts erbaut, um über die Nordseite den Zugang nach Pula zu sichern, war sie nie durch die Kämpfe in dieser Gegend zerstört worden. Šerbedžija und seine Freunde des Ulysses Teatar machten die Festung zu einer Hauptdarstellerin ihrer Stücke. Aus weißem Stein gemeißelt, steht sie erhaben auf dieser Insel, Kulisse für *King Lear* und Labyrinth für den Zuschauer, der zum ersten Mal kommt, sie zu begehen, zu bestaunen, mit Herzklopfen durch ihre Katakomben zu gehen. Zugewachsen inzwischen, als wollte die Natur ihre Geschichte verdecken, spiegelt sich das Hin und Her in Shakespeares Tragödie in dieser Festung auf eine unbeschreibliche Art. Es ist das alles Grund genug, sich vier Stunden an verschiedene Schauplätze der Insel führen zu lassen. Doch zu diesem Spektakel gesellt sich ein Mann, ein außerordentlicher Schauspieler und Künstler, der nicht anders kann, als sich am Ende dieser stundenlangen Aufführungen, in denen er alles gab, beim Publikum dafür zu bedanken, wieder in seiner Sprache spielen zu können. Sie werden ihn vielleicht nicht verstehen, doch Sie werden ihn spüren: seinen Lear sowie den gebildeten Schauspieler. Sein Lear schreit nicht, sein Lear senkt die Lider vor Müdigkeit. Seine Verzweiflung zeigt sich nicht in großen Gesten, die sich gegen die Schwerkraft richten, sie zeigt sich in der grenzenlosen Müdigkeit, die seinen Körper erfasst. Als wollte er lebendig Zeugnis abgeben für eine schlichte Wahrheit: Wir fallen ein, ohne die Liebe. Ohne jene, die wir lieben. Ganz gleich wie und wohin unsere Besitztümer wachsen. Šerbedžijas Lear flüstert, wenn er mit seinem Schicksal und der Bösartigkeit der Menschen ringt. Er klagt nicht an. Er souffliert. Als wäre das Schicksal eine Macht, die nur im Stillen mit uns verhandelt. Als der Erblindete von seinem verrückten Narren an die Hand genommen wird, lacht Lear den Satz aus seinem Bauch: »Es ist die Plage dieser Zeit, dass der Narr den Blinden führt.« Und das Publikum fängt sein Lachen auf, lacht es zu Ende, denkt diesen Satz in das Land hinein, in dem es lebt. Denkt es nach Zagreb, in die Oberstadt, wo das Parlament seit Jahren eine Krise nach der anderen verkündet und sich nun von einer krisengebeutelten EU die Welt erklären lassen muss … All das wird in diesem Insel-Lear belacht. Die Menschen erkennen sich und ihre Zeit in seinen Sätzen. Šerbedžija, durch die Einfachheit seiner Mittel, gelingt, was andere mühevoll zu erreichen versuchen: Er gewinnt das Vertrauen der Menschen. Einen solchen Satz kann er nicht sagen, ohne ein Echo über die Jetztzeit im Publikum auszulösen. Genau danach sucht er. Genau das wünscht er.

Die Poren von Tilda Swinton

Wieder Pula. Pula ist, wiewohl es an der Inselspitze liegt, der Hauptverkehrsknotenpunkt Istriens und nicht zwingend eine Schönheit. Vielen Kroaten ist sie gar ein unbeliebtes Kaff, das sich mit Vorliebe zur Stadt aufplustert. Kroaten sind gnadenlos mit den Aufgeplusterten, kurzum lassen sie die Luft raus und amüsieren sich auf Kosten des eigentlichen Zwerges. Doch Pula hat einen Schutzengel gegen solche Hochnäsigkeit: Das Amphitheater, die Arena di Pula. Sie ist eine von sechs weltweit. Von der Meeresseite aus wirkt sie wie das Skelett eines alten Walfisches, vom Straßenhügel hinter der Arena kommt sie einer aufgereihten Sammlung von kleinen Sichtfenstern auf das Meer gleich. Es ist atemberaubend, hinter der Arena zu stehen, wenn die Sonne untergeht. Tagsüber besichtigen Touristen das Gemäuer. Die Arena di Pula ist und bleibt eine Touristenattraktion, diese Luft ist nicht herauszulassen. Sie zieht nicht nur Touristen in den Ort, sondern auch Weltstars, die abends vor bis zu 23 000 Zuschauern ihre Konzerte spielen. Die Konzerte folgen keinem konsequenten künstlerischen Programm. Liest man das Sommerprogramm, ist es, als dürfte jeder einmal ran, der will. Man könnte es auch positiv formulieren und sagen: Es ist für jeden Geschmack etwas dabei. Vielleicht liest sich auch deshalb die Gästeliste wie das Who's Who der Musikszene vieler Sparten: Luciano Pavarotti, Massive Attack, Sting, Norah Jones, Alanis Morrissette. Đorđe Balašević. Oliver. Die kennen Sie sicher nicht, müssen Sie aber auf keinen Fall scheuen, nur weil Sie kein Kroatisch verstehen. Wenn am Tag *Ihres* Pula-Aufenthalts »nur« ein kroatischer Star auftreten sollte, gehen Sie trotzdem hin. Gerade solche Konzerte sind in der Arena oft die schönsten, weil die Kroaten ein leidenschaftliches Publikum sind, inbrünstige Mitsinger und Familienkonzertgeher; sie nehmen zu solchen Sommerkonzerten gerne ihre Kinder mit. Kroatische Paare suchen nicht nach romantischen Stunden für Eltern, sie haken das schon bei der Geburt des ersten Kindes ab und behaupten: Das mit der Romantik, das erledigt man, bevor die Kinder kommen. Dann hat man für die Familie auch mehr Zeit. Ich nicke dann immer und denke an die vielen Ratgebermagazine, die mit einer solchen Einstellung allesamt ihre Auflagen einstampfen könnten, doch auf diesen Konzerten scheint die Romantik tatsächlich den jungen Liebenden vorbehalten zu sein, die Familien stehen gemeinsam da, man kann manchmal kaum ausmachen, wer seinen Kopf an wen lehnt, man schmachtet sich an, streichelt sich über die Haare und singt. So mühelos wird das in Deutschland mühevoll erarbeitete Zusammenleben verschiedener Generationen hier wie von selbst in die Arena gebracht. Die Großeltern sagen an dieser Stelle, ach Konzerte, das muss man hinter sich bringen, bevor man alt wird, und bleiben mit anderen Großeltern an der Riva, erzählen sich Geschichten von früher und Sorgen von heute. Sie werden bei solchen Konzerten dastehen und sich fragen, weshalb es so einfach scheint und wieso es bei uns in Deutschland oft so schwierig wirkt. Ich bin allerdings die Letzte, die Ihnen darauf eine Antwort geben kann, nur anweisen kann ich Sie, völlig furchtlos auch in kroatische Konzerte zu gehen. Gerade solche in Pula. Wenn die Abendsonne wie durch die Fenster hindurch ins Meer fällt, fragen sie sich als Letztes, in welcher Sprache die auf der Bühne nun singen. Die Aussicht wird Sie davontragen, ganz gleich, wohin.

Pula. Mag sein, ich singe jetzt schon wieder ein Hohelied auf eine Stadt, der nur wenige den Charme abringen können, der sich mir offenbart. Aber ich möchte einen Versuch wagen, Ihnen die kleinen magischen Flecken näherzubringen, an denen das Licht etwas anders fällt als in anderen Städten, die Kinder etwas idyllischer auf dem Boden spielen, selbst die Straßenmusik nicht ganz so unerträglich ist wie in anderen Touristenecken.

Diese drei Verzauberungen finden Sie vor allem an einem Platz, ab neunzehn Uhr etwa: Der *Kapitolinski Trg*. Die Arena di Pula ist eine Besonderheit, dieser Platz eine Allgemeinheit. Natürlich, der Ruhm der Stadt verdankt sich der Arena, ja, es liegt sicher an dieser Arena, ich gebe es zu, auch wenn es wieder die Italiener waren, die uns die Schönheit ins Land brachten. Und das, wie könnte es bei Italienern anders sein: aus Liebe. Immer dieses Dolce Vita, das seine Spuren hinterlässt. Natürlich erinnert die Arena sofort an das Kolosseum in Rom, und dieses Mal ist das keine vom Ministerium für Tourismus verordnete Protzerei. Tatsächlich hat Kaiser Augustus die Arena zwischen 2 und 14 vor Christus erbauen lassen, und Vespasian hat ein paar Jahre später den Bau zu seiner heutigen Größe erweitert. Er war es, der das Kolosseum in Rom in Auftrag gegeben hat, das hier in Pula ließ er angeblich für die aus Pula stammende Geliebte ausbauen. Aus weißem Kalkstein, wie fast immer hier am Meer. Das alles zur Schönheit. Zur Besonderheit. Doch die Allgemeinheit, das Gefühl, das normale Leben mitzubekommen und ein Gespür dafür, wie hier der Alltag sein könnte, das finden Sie auf diesem Platz.

Ja, damals waren es die Römer, die ihre Spuren hinterließen. Und heute die Querköpfe. Einer von ihnen baut seit Jahren, mit aller Konsequenz und allen ökonomischen Gesetzen zum Trotz, seine Galerie am Marktplatz auf. Kapitolinski Trg 1. Galerie Makina. Hassan Abdelghani, so heißt der Galerist und Fotograf. Als ich dieses Jahr reinkomme, putzt er gerade den Boden, die langen, lockigen Haare wie ein Wischmob im Nacken. Statt guten Tag zu sagen, empfängt er mich mit: »Siehst du, das ist das Kreuz mit uns Kroaten: Zum Feiern kommen sie alle, putzen musst du allein.« Ich behaupte, das sei überall so, weil ich es müde bin, die Kroaten dabei zu unterstützen, wie sie sich bei jeder Gelegenheit selbst kasteien und für die asozialsten Menschen der Welt halten. Aber wer weiß schon wirklich, wie es überall ist, also halte ich den Mund. Hassan ist ein Chaot, das sieht man ihm an. Das sieht man seiner Galerie an. Das sieht man nicht nur den Bildern an, die er ausstellt, sondern auch jenen, die er fotografiert. Doch da wird das Chaotische plötzlich in einen Rahmen gesetzt, und niemand käme mehr auf die Idee, es sei einfach chaotisch. Das Chaos hat plötzlich Prinzip. Hassan ist ein Fotograf, der sich die Szene, die er braucht, selbst schafft, weil er nicht immer in die großen Städte gehen möchte, um etwas von dem zu erleben, was er will. Geboren ist er in Osijek, Slawonien, aufgewachsen in Kairo, das Fotografieren hat er in Kopenhagen gelernt. Auch für sein Leben ist Istrien der magische Ort, an dem sein Vater, ägyptisches Adelskind, das in den Fünfzigern in Wien studiert, sich in eine junge Frau aus Osijek verliebt, die in Poreč Urlaub macht. Hassans Mutter. Er spricht Kroatisch mit starkem slawonischen Einschlag, was in jedem seiner Interviews Thema ist.

Er will mitten in Pula eine Galerieszene, und wenn er sie sich selbst schaffen muss. Er muss. Und schafft sie sich am zentralen Marktplatz, direkt neben Edelklamottenläden und schicken Cafés, Touristenfallen, getarnt als Restaurants, am laufenden Band und dann, mittendrin, dieses echte Juwel. Ich weiß beim besten Willen nicht, wie er das finanziert.

»Es sind immer die Einzelnen«, sagt er. »Wenn du das Steuer selbst nicht in die Richtung reißt, in die du segeln willst, tut es keiner.« Ich nicke und sage: »Komm schon, zeig mal deine Bilder.« Es dauert in Kroatien keine zwei Minuten, um per Du zu sein, um vertraut miteinander zu sein. Es dauert genau genommen nur einen kurzen Moment, denn Menschen, die sich wittern, die wissen, sie kämpfen um das Gleiche, nämlich für sich und den Traum, den man für diese Welt träumt, solche Menschen sind in Kroatien schon mit dem ersten Satz per Du. Fragen Sie bitte nicht, woher man das weiß. Und woran man sich erkennt. Man weiß es. Vielleicht ist aber auch einfach diese Galerie eine Sie-freie Zone, wer weiß.

Hassans letzte Bilder sind Fotos der Fotografien auf den Grabsteinen der Friedhöfe von Pula. Verlassene, doch nicht vernachlässigte Gräber aus Zeiten der österreichisch-ungarischen Monarchie. Schwarz-weiße, vergilbte Sonntagsporträts der Verstorbenen, meist hinter Glas eingearbeitet, als Schutz vor dem Regen. Mit den Jahren, der Witterung und den Kriegen zerspringt dieses Glas über den Porträts und zieht Risse über die Gesichtszüge der Menschen. Hassan hat diese Sonntagsgesichter, deren Hälse in feinen Kleidern stecken, fotografiert, als Dokument des Lebens zwischen Pula und Judenburg. Es sind die toten Gesichter Pulas, sagt er, das österreichisch-ungarische Erbe der Stadt, das so gern vergessen wird. Schaudern, wenn man in diese jungen, der Schönheit so ergebenen Gesichter auf den Grabsteinen sieht. Manchmal ziehen sich die Linien der zerplatzten

Glasscheibe mitten durch das Gesicht. Dann zieht er Verbindungen zur Gegenwart, zu seiner Nachbarin zum Beispiel, der auch ein Riss über das rechte Auge ging, nachdem sie ihrem Mann erzählte, die Affäre mit dem Offizier sei nun beendet. Hassan Abdelghani räumt längst wieder auf, und es schert ihn nicht im Geringsten, wie wenig die Neonbilder im hinteren Teil seiner Galerie zu seinen Friedhofsimpressionen passen.

»*Kavu?«*, fragt er. »*Ajmo na kavu!«* Gehen wir auf einen Kaffee, heißt das. Ein Klassiker des Freundschaftschließens. Und doch schüttle ich den Kopf, sehr bestimmt. Ich muss noch viel sehen heute. Und abreisen, nach Rijeka.

»Dass ihr immer so wenig Zeit habt, ihr Deutschen. Noch im Urlaub habt ihr wenig Zeit.« Jetzt schüttelt er den Kopf, anders als ich eben, ungläubig. »Ich arbeite manchmal mit den Goethe-Instituten. Die haben auch nie Zeit«, sagt er. Und lacht. Zieht sich die Haare hinter den Kopf und bindet sie zu einem Zopf. Vor einem Jahr habe er hier Bilder von Nick Wall ausgestellt. Lauter Promis habe dieser Nick Wall fotografiert. Aus nächster Nähe. So habe man die Stars noch nie gesehen. Tilda Swinton zum Beispiel. Man habe auf diesen Bildern die Poren von Tilda Swinton gesehen. »Zeig mir ein Bild von ihr, auf dem du ihre Poren siehst! Nur Nick Wall darf das. So nah dran. Sonst siehst du doch nur Porzellan«, sagt er und kehrt Scherben auf. Zerbrochenes Weinglas. Ich war damals da, bei dieser Eröffnung, zufällig.

»Ich glaube, Tilda war sogar zur Eröffnung da«, sagt Hassan. Und ich nicke. Sie-freie Zone also. Gesehen habe ich Tilda nicht. Aber man fällt nie einer Legende in den Rücken, schon gar keiner, die so eine Galerie ernährt.

Motovun – der Zauberberg

Inmitten von Istrien, wo sich die Energieströmungen angeblich friedlich und ohne weitere Berührungspunkte kreuzen, inmitten dieser Insel steht ein Berg namens Motovun. Italienisch Montona. Etwa 600 Seelen leben hier, Bauern, Winzer, Hoteliers und Gastronomen.

Ich habe lange mit mir gehadert, ob ich Ihnen das Wissen um diesen Berg einfach so schenken soll oder ob Sie ihn nicht eigentlich suchen, auf ihn stoßen müssten. Doch Sie könnten ihn verpassen, wenn ich es Ihnen nicht verrate. Denn man sieht ihn nicht. Ja, Motovun ist der Zauberberg, der plötzlich vor einem steht. Ohne es zu bemerken, steht man mit einem Schlag am Fuße dieses Berges, sieht, wie Haus um Haus den Hang hinaufgebaut wurde, je höher, desto dichter; dieser Berg mit den Steinhäusern, die sich an ihm hinaufhangeln, könnte, wenn Sie nicht im Sommer kommen, sogar unter Nebeldecken versteckt liegen, und Sie sähen bestenfalls die Stadtmauer auf der Bergspitze. Und den Glockenturm. Vielleicht ist es sogar am schönsten hier, wenn der Nebel die Landschaft überdeckt. Ich weiß es nicht, ich kenne die Nebelbilder nur von Fotos, ich komme, wie die meisten, im Sommer, stehe wie aus dem Nichts davor, fahre an ihn heran, muss die Parkgebühr zahlen, um die Serpentinen hinaufzudürfen, am Bergfriedhof vorbei bis fast ans Stadttor. Dort muss ich das Auto an der Stadtmauer abstellen, das Tor in die Stadt steht nur wenigen offen. Die meisten gehen den Rest bis zum Ortskern zu Fuß. Über Steinpflaster. Mit jedem Schritt, den man den Rollkoffer mühevoll über den unebenen Boden zieht, vergisst man ein Stück mehr von der Welt, die man hinter sich lässt. Und je mehr jene, die diesen Berg besteigen, die Welt dort unten vergessen, desto unsichtbarer wird der Berg vom Flachland aus. So wie das Meer vom Berg aus vergessen wird, obwohl es an klaren Tagen in Sichtweite ist. Es gibt nur diesen einen Ort auf der Welt, an dem das Meer zwar am Horizont aufblitzt – nur eine halbe Stunde ist es entfernt –, es aber auf den Sehenden keine Zugkraft ausübt. Weil dieser auf dem Zauberberg sitzt. Motovun.

Zugegeben, aus mir unerklärlichen Gründen haben ihn trotz Unsichtbarkeit auch andere inzwischen ausfindig gemacht. Zum Beispiel all jene, die zum jährlichen Motovun Film Festival anreisen, wenn sich der Marktplatz in ein Open-Air-Kino verwandelt, zu dem selbst Sharon Stone schon kam. Ja. Wenn Sie jetzt denken, deshalb würde der kleine Ort zu einer kommerziellen Hochburg – nein, das Festival und seine Gäste kommen für ein paar Tage. Und ändern nichts. Kaum sind die Kinoleinwände eingerollt, die Plätze wieder leer, legt sich die Unsichtbarkeit erneut über den Berg.

Die kleine Stadt auf dem Berg hat nur eine Handvoll Restaurants, und so wird sich jeder Restaurantbesitzer hüten, auch nur einen Teller auf den Tisch zu stellen, der nicht hält, was die Region in den Dutzenden von Hochglanzmagazinen über Istrien verspricht. In Motovun können Sie bis nachts um zwei an den Tischen entlang der Stadtmauer sitzen und verträumt in die Weite blicken. Wenn Sie Glück haben, wird irgendwann, spät in der Nacht, an einem der Nebentische ein Lied angestimmt. Lied um Lied werden es mehr Sänger werden, deren Gesang der Wind in die Nacht trägt, ins Tal. Ich wollte es Ihnen beinahe nicht verraten, wie schön es hier oben ist. Wie der Wind über diese Bergstadt pfeift. Durch die Löcher in der Stadtmauer. Dieser kühle Wind, der die Hitze so erträglich macht. Aber dann wieder denke ich an die Inhaber des kleinen blau-weißen Restaurants vor dem Stadttor, die stolz einen Artikel der New York Times ins Schaufenster kleben. Vielleicht wollen die Bergbewohner selbst nicht unsichtbar sein. Oder nur den Sommer über nicht. Aber was soll all das Grübeln, ich habe es Ihnen längst verraten. Und Sharon Stone war ja auch schon da. Selbst die New York Times. Blöderweise endet der Times-Artikel genau auf diesem einen Spruch, den kein Kroate mehr hören kann: The Tuskany as it once was. Das erspare ich Ihnen.

Poreč und Rovinj

Ich darf und will Poreč und Rovinj nicht vergessen, nein. Es sind nur jene Orte in Istrien, an die Sie jeder Reiseführer schicken wird.

Ja, ich schließe mich an, der kleine Hafen von Rovinj ist mit das schönste, morbideste Stück Meer, an dem Sie am Mittelmeer stehen können. Sobald Sie die Gassen zum Gipfel Rovinjs emporsteigen, sehen Sie Möwen in Torbögen, stille Hinterhöfe und streunende Katzen in den romantisch verkommenen Gassen. Alles in Rovigno ist fast Italien, ich weiß. Der Kirchturm mit der Holztreppe ist sicher ein Touristenschreck, weil er so instabil wirkt, doch auch ein dankbares Bildmotiv, vor allem, wenn das Bild verwackelt. Die Holztreppe nach oben hält – das kann ich Ihnen aus mehrfacher eigener Erfahrung versichern, und von dort oben haben Sie mit Sicherheit den schönsten Blick über Istrien, so schön wird's erst wieder in Dubrovnik, abends, wenn die Sonne untergeht und die Kiefern Schatten werfen, als wären sie auf Filmplakate geschnitten worden, für den bloßen Effekt.

Ich bin die Letzte, die Ihnen nicht wünscht, ein paar Nächte in Poreč zu verbringen, eines der fast sakralen Klassikkonzerte in der Euphrasius-Basilika zu sehen, die 1997 in die Liste des Weltkulturerbes der UNESCO gewählt wurde. Spätantike und frühbyzantinische Kunst. Poreč hat diesen kleinen Zug-Shuttle, den die Kinder lieben und in dem Sie von Ihren Hotelresorts an den Rändern von Poreč in die Altstadt fahren. Wenn die Sonne untergeht, sollten Sie am besten *lignje na žaru,* gegrillten Tintenfisch, essen und in dem Türkis ertrinken. Das Meer liegt bei Anbruch der Dämmerung vor Ihnen wie türkisfarbenes Öl, das sich rosa färbt. Sie können hier in Rundtürmen, die zu Hotels umgestaltet wurden, übernachten und dinieren. Die Eisverkäufer sind raffinierte Kinderfänger, Sie werden nicht durch die Altstadt kommen, ohne ein paarmal halt zu machen und Ihren Kleinsten Eis zu spendieren. Die Schmuckläden reihen sich hier aneinander, Gold ist in diesen Gefilden ein beliebter Sommerblumenstrauß für Frauen.

Das Mädchen mit der Möwe

Wenn Sie Istrien schweren Herzens wieder verlassen, und Sie können Istrien nur schweren Herzens verlassen, werden Sie denselben Berg mit der atemberaubenden Aussicht zurückfahren, über den Sie gekommen sind. In Richtung Rijeka. Sie werden an Opatija vorbeikommen und aussteigen, das hoffe ich für Sie. In Opatija suchen Sie am besten nach dem Lungomare, so nennt sich die Uferpromenade, die zwölf Kilometer von Volosko bis Lovran führt. Ich habe das Wort zum ersten Mal als junges Mädchen von einem Verehrer gehört, als wir dort entlangspazierten, und war mir sicher, er meinte damit: Das Meer atmet. Sein Großvater war Italiener, und ich ging davon aus, das sei die italienische Variante für die gute Luft, die einem das Meer schenkt. Nichts da. Als ich wiederkam, stand dieses Schild da, für das ich damals keinen Sinn hatte: Der ganze ellenlange Meeresweg nennt sich Lungomare und verdankt sich einem Verschönerungsverein Anfang des 19. Jahrhunderts. Wie war die Welt noch schön, als man nichts von ihr wusste …

Wir sind in Opatija. Eine Stadt östlich von Istrien, doch zählt sie schon zur Region Kvarner Bucht. Es ist ein bisschen morbid in Opatija, ein bisschen wie bei James Bond, wenn er am Comer See gefilmt wird. Das liegt sicher an den unsanierten, in dieses Jahrhundert geretteten Hotels, in deren Swimmingpools kein Wasser mehr fließt. Es liegt auch daran, wie viele Tische abends gedeckt sind, ohne dass auch nur drei Gäste auf den eindrucksvollen Terrassen sitzen. Opatija ist Dornröschen im Schlaf, und wie am Comer See ist es hier nur annähernd, denn das Meer ist das Meer ist das Meer. Opatija ist heute ein einfacher Badeort, der aussieht wie ein einstiger reicher Kurort. In keinem Fall ist es heute noch ein reicher Kurort, der hier und da aussieht wie ein Badeort. Die Uferpromenade, die sich Lungomare nennt, ist gepflastert mit Gedenktafeln und Büsten von Berühmtheiten, die sich für die Entwicklung des Ortes eingesetzt haben. Es reichte jedoch auch, einfach Gast zu sein, jeder hat eine Gedenktafel erhalten, der Verschönerungsverein hat Arbeit geleistet wie kein Zweiter, den ich kenne, kaum ein unerschlossener Quadratmeter. Wenn an einer kleinen Bucht drei Holzboote anlegen, hat diese Bucht bereits einen Namen samt Geschichte und Gedenktafeln, und sei es eine Bucht, in der immer schon drei Holzboote anlegten. Henryk Sienkiewicz schrieb hier, als Opatija unter Italien Abbazia hieß, eine Novelle, aus der später sein berühmter Roman *Quo Vadis* erwuchs. Die Villa Neptun, 1890–97 errichtet, gehörte eine Zeit lang Gräfin Laura Henckel von Donnersmarck. Vladimir Nabokov kam als Kind einen Sommer lang nach Opatija.

Noch heute sind die meisten Hotels nicht saniert, was ihnen trotz des mondänen Auftretens nur drei Sterne einbringt und sie somit bezahlbar macht. Sie müssen in Opatija nicht lange bleiben. Doch Sie sollten einen Kaffee auf einer der Hotelterrassen trinken und aus dem Staunen nicht herauskommen: Was mögen das für Zeiten gewesen sein, in denen Ärzte, Juristen, Anwälte sich für den Ausbau von Prachtbauten, Schwimmbädern und Pavillons einsetzten, die den Genuss fördern sollten, die Erholung, Museen und Musik Platz bieten und Tanzsäle errichten sollten? Kannten die damals nichts anderes als Schönheit und Vergnügen, wird man sich in Opatija schnell fragen. Sosehr die Donaumonarchen diesen Stil liebten, so sehr erlebt man in Opatija, wie verantwortlich auch der Einzelne, die Gelehrten oder Reichen, damals oft in einer Person, für diese Prachtbauten waren. An jeder Ecke Gedenktafeln, Büsten, Größenwahn. Die Namen! Hotel Belvedere, Villa Rosalia, Villa Neptun, Hotel Ambasador, Hotel Imperial, Hotel Mozart, Hotel Palace … Das Skienkiewicz-Denkmal … Wem des Prächtigen zu viel wird, sollte zur Erholung zur *Grotta del Diavolo* laufen, die Teufelsgrotte, an der Punta Kolova, die in stürmischen Nächten teuflische Geräusche macht. Sie müssen in Opatija haltmachen, wenn auch nur, um auf einer dieser Terrassen einen Kaffee zu trinken und Kuchen zu essen. Der Service ist in bester Wiener Kaffeehaustradition gehalten, dabei schmeckt der Kaffee glücklicherweise eher nach Rom. Es ist ein Ort, an dem man anfangen könnte, die untergegangenen Zeiten zu ersehnen, die Bourgeoisie in Zeiten der Donaumonarchie. Bis man sich daran erinnert, dass man selbst damals von all dieser Pracht wahrscheinlich weniger gehabt hätte als heute.

Ach ja, ich wollte Ihnen ja eigentlich nur vom Lungomare erzählen, dem Spazierweg am Ufer, den Sie unbedingt abgehen sollten. Dort steht an einer Stelle die Madonna del Mare. Die Madonna del Mare steht dort, wo sie jetzt steht, erst, seit das Meer sie von dem Felsstein spülte, auf dem sie einst ergeben betete. An ihrer alten Stelle steht nun das Mädchen mit der Möwe. Es ist wie der modische Siegeszug des Mädchens gegen die Frau: Die unschuldige Anmut ersetzt die Kurven. Es ist vielleicht auch einfach der Siegeszug des Weltlichen gegen die zum Beten gefalteten Hände und den Heiligenschein.

Als Opatija noch Abbazia hieß, stand die Madonna del Mare an einer Uferecke, ein paar Meter weit von der Promenade, im Meer auf einem Felsen und betete zu Gott. Heute steht statt der Madonna dieses für eine Steinskulptur sehr nackte Mädchen an der Stelle, an der einst Madonna del Mare stand. Schon von Weitem zieht ihr eleganter, muskulöser Körper die Blicke an. Kaum ein Tourist, der nicht seinen Fotoapparat zückt, wenn er sie dort im Meer auf dem Felsen stehen sieht. Das Möwenmädchen, das den rechten Arm etwas entfernt vom Körper hält, damit sich eine Möwe furchtlos auf ihren Handrücken setzen kann. Wenn man viel Glück hat, sitzt an dem Tag, an dem man zu ihr geht, auf dem Kopf des Mädchens noch eine Möwe, eine echte, und putzt sich die Federn. Das Steinkleid des Mädchens wirkt wie aus dünnem Stoff gemacht, als wäre sie arm, kein schwerer, wallender, Falten werfender Stoff der Madonna del Mare, nur ein Hauch von Steinsommerkleid, nackte Schultern, man sieht ihre Muskeln, ihren runden Po, die festen, freien Arme. Ihre Anmut. Es heißt, hier, wo sie heute steht, habe einst die Madonna del Mare gestanden, um über die Seelen des Grafen Kesselstatt und seiner Gattin zu wachen, die in der Nähe ertrunken sind. Das Meer hat die Madonna del Mare vom Felsen gespült. Vielleicht sind die Zeiten der Madonnen und Grafen vorüber. Das Mädchen mit der Möwe wacht nun über die Fliegenden.

Von Rijeka nach …

Wenn Sie den Namen Ödön von Horvath hören, denken Sie dann nur an Umlaute, an *Die Geschichten aus dem Wiener Wald* und wie Ihnen eine *Jugend ohne Gott* schlaflose Nächte bereitete? Ab jetzt sollten Sie auch an Rijeka denken. Oder besser an Fiume, denn als Horvath in der damals noch österreichisch-ungarischen Stadt geboren wurde, hieß sie noch Fiume. Genau genommen wurde er in Šušak geboren, dem Teil des heutigen Rijeka, das sich mit dem damaligen Fiume zusammenschloss und zum heutigen Rijeka wurde.

Jedenfalls wurde Horvath im heutigen Rijeka geboren, das erzähle ich Ihnen nur, damit Ihnen klar wird, wie deutschsprachig Europa einmal war und dass Sie doch immer etwas aus diesen Ecken, die Ihnen vermeintlich fremd vorkommen, schon kennen. Slavenka Drakulić, eine der international erfolgreichsten kroatischen Autorinnen, stammt übrigens ebenfalls aus Rijeka. Das brauchen wir an dieser Stelle, nicht nur der Vollständigkeit wegen.

Rijeka ist genau der richtige Zwischenstopp nach Ihren Tagen in Istrien und Stunden in Opatija. Rijeka ist auch ein aufregender Wohnsitz, sollten Sie länger nach Kroatien wollen. Rade Šerbedžija ist soeben zurück aus Los Angeles und hat sich eine Wohnung am Marktplatz von Rijeka gekauft. Wenn Sie also genug haben von der mediterranen Schönheit, eine Atempause brauchen, damit Idylle wieder Idylle wird, halten Sie in Rijeka. *Rijeka* – der Fluss. Der Name passt wie kein zweiter zu dieser Stadt, in der alles in Bewegung ist. Die Geschichte der Stadt ist turbulent, begehrt war sie als Verkehrsknotenpunkt, Hafenstadt und Magnet für Investoren. Die Herrscher, die Sprachen, ein einziges Kommen und Gehen. So ist Rijeka auch keines der in sich geschlossenen Weltkulturerben, wie Split oder Trogir, wo jeder Stein seit fast 2000 Jahren an derselben Stelle sitzt. Nein, in Rijeka stand nie ein Stein lange an seinem Platz. Sei es durch Erdbeben oder Menschenhand, Häuser, Straßen, Burgen – alles wurde stetig zerstört. Und wiederaufgebaut. Rijeka ist das Stehaufmännchen der kroatischen Städte und hatte doch im letzten Bürgerkrieg das Glück, verschont geblieben zu sein, die Kämpfe spielten sich knapp hundert Kilometer von der Hafenstadt entfernt ab. Dieses eine Mal blieb sie verschont. Wie wenig das ansonsten der Fall war, zeigt sich auf der Altstadtpromenade, genannt *korzo*, dort spaziert man an allen erdenklichen Baustilen entlang.

In Rijeka regnet es knapp neunzig Tage im Jahr, und die Sonne scheint über 2000 Stunden – und doch gilt für Kroaten in Rijeka das Wetter als eher schlecht. Außerdem zieht der viele Regen den ganzen Hafendreck aus der Luft und klebt ihn an die Häuser, weshalb gerade Rijeka, vor allem an den Rändern der Stadt, am ehesten anderen, größeren mediterranen Städten ähnelt. Inzwischen leben im Zentrum an die 150 000 und um die 300 000 Menschen im

Großraum Rijeka. Für so manchen Autor oder Künstler, der die Zagreber Straßen nicht mehr sehen kann, ist Rijeka, die drittgrößte Stadt Kroatiens, die einzige Option. Dalmatien ist zwar die schönste, doch von Zagreb aus gesehen auch eine der rückständigsten Regionen. Split ist – trotz aller Schönheit – nicht nur wegen eines unbeliebten Bürgermeisters tabu, sondern auch wegen jenen, die diesen Bürgermeister ins Amt gewählt haben. So ist Rijeka derzeit neben Zagreb die zweite ernst zu nehmende Stadt mit urbanen Strukturen in Kroatien.

Dass Rijeka immer wieder zu den Lieblingen der Herrscher gehörte, zeigte sich auch unter den Habsburgern, die aus Rijeka, damals noch Fiume, eine Konkurrentin Venedigs machten, in die stetig investiert wurde. In Rijeka wurde Ende des 19. Jahrhunderts eine der ersten Ölraffinerien Europas gegründet und Eisenbahnstrecken in Richtung Wien, Prag und Budapest ausgebaut.

Von allen Herrschern, die sich Rijeka/Fiume zu eigen machen wollten, ist der italienische Schriftsteller und Nationalist Gabriele D'Annunzio der schillerndste und unerhörteste. Gegen den Willen der italienischen Regierung überfiel er am 12. September 1919 in einer Nacht-und-Nebel-Aktion, mithilfe von knapp 3000 Anhängern, die Stadt. Italien weigerte sich, Rijeka zu annektieren, weshalb D'Annunzio sich kurzum an die italienischen Faschisten wandte, die gerade erstarkten. Rijeka und die Umgebung wurden italianisiert, Kroaten wurden vertrieben oder assimiliert, das Kroatische als Sprache verboten. Kein Geringerer als Benito Mussolini, der damals noch nicht der Mussolini war, der er noch werden sollte, unterstützte den nationalistischen Schriftsteller bei der Aneignung Rijekas. Erst der Einsatz von italienischen Kriegsschiffen machte seiner Herrschaft über Fiume ein Ende. Und doch gilt die Zeit, in der ein größenwahnsinniger Schriftsteller die Region besetzen wollte, als Geburtsstunde der »Ästhetik des Faschismus«. D'Annunzio war es, der in Fiume die Wirkung dieser Ästhetik auf die Massen ausprobierte, die Ästhetik, die Mussolini ausexerzierte und an der Hitler seine Auftritte für die Massen schulte. D'Annunzio, der Vater derselben, ist längst nicht so bekannt wie die faschistische Ästhetik. Boris Perić, Schriftsteller und Übersetzer, wollte ihm gerne zu literarischem Weltruhm verhelfen, ähnlich wie Dan Brown dem Da Vinci Code, doch ich vermute, zum Weltruhm ist's noch ein weiter Weg, vielleicht verkürzt ihn ja Dan Brown, sollte er je diese Gebrauchsanweisung lesen.

300 000 Italiener verließen Fiume, als es wieder jugoslawisch wurde. Viele auf politischen Druck hin, weil sie sich hätten einbürgern lassen müssen, die meisten jedoch aus Angst vor der Rache der Slawen. Heute leben nur noch zwei Prozent Italiener in der Stadt. Und dennoch gibt es weiterhin eine italienische Zeitung. In den Sechzigern wurde die Stadt renoviert und revitalisiert. Inzwischen ist sie eine wichtige Universitätsstadt, ein Handelsmittelpunkt, ein kulturelles Zentrum. Auch *Trsat*, die Burg über der Stadt, wurde wieder renoviert und ist, wie viele Burgen Kroatiens, in den langen Sommern eine Spielstätte für Konzerte und Theater. Die Kapuzinerkirche Maria Lourdes ist eine der wichtigen Touristenattraktionen. Es gibt auch religiöse Minderheiten in Rijeka, Muslime und Juden, die jeweils eine Moschee und eine Synagoge für ihre Gemeinde haben. 1943 lebten in Rijeka knapp 5000 Juden. Heute kaum hundert. Europa.

… Krk und zurück nach Rijeka

Zugegeben, ich gehöre nicht zu denen, die im Sommer genug haben können von dieser mediterranen Idylle, frischem Fisch, dem Salz in der Luft und den kleinen Fischerdörfern am Meer. Im Hochsommer kann ich Rijeka in nur einer Stunde abhandeln und weiterziehen. Ich sehe mir im Vorübergehen das Plakat an, auf dem die Konzerte stehen, die diesen Sommer auf der Burg *Trsat* gespielt werden, falls es zufällig eines ist, das mich interessiert, bleibe ich, sonst ziehe ich schnell weiter, lasse die raue Stadt, die Kräne mit ihren langen Hälsen am Hafen links liegen und hoffe, keine Stunde später irgendwo an der Küste am Meer zu liegen.

Doch dieses Jahr hatte ich die Rechnung ohne den Bayerischen Rundfunk gemacht. Ja, der Bayerische Rundfunk soll schuld gewesen sein. Daran, dass auf der Insel Krk kein normaler Mensch mehr einen Quadratmeter findet, auf dem er in Ruhe schlafen kann. Krk ist nun wirklich kein Geheimtipp gewesen, nie. Krk, das ist die Insel, auf der 70 Prozent der Deutschen waren, die ich kenne. Es ist fast wie mit dem *autoput*: kennt jeder. Bei Krk sind wir jedoch immer beim Thema Zungenbrecher und der Frage, ob das Kroatische auch Vokale kennt. Ja, sehr viele, antworte ich, nur eben nicht in dem Wörtchen Krk. Ach ja, sagen meine deutschen Freunde, ist ja schon ein Zungenbrecher, diese Insel, wie heißt sie noch? Dabei wissen sie genau, wie sie heißt, sie wollen mich nur das Aussprechen übernehmen lassen, damit sie sich nicht blamieren. Und dann tun sie es trotzdem. Sie sagen K-r-k wie kleine schwarze Krähenkinder. Oder Krchck, wie ein Beinbruch oder Kurzschluss. Ja, manche krächzen das Wort aus dem Hals, und andere sagen es so schnell, dass es klingt wie ein abgesägter Strommast.

Dieses Jahr wollte ich zum ersten Mal nach zehn Jahren wieder nach Krk, weil ich ja diese Gebrauchsanweisung im Gepäck hatte und gerade den deutschen Touristen noch einmal hautnah berichten wollte, wie diese ihre Lieblingsinsel ist … Ich wollte, ich wollte … Sie wissen nicht, was ich alles wollte. Als ich über die Brücke fuhr, die das Festland mit der Insel Krk verbindet, war ich noch guter Dinge, stolz auf die Brückenarchitekten und die Tatsache, dass es keine Fähre braucht. Ich dachte zurück an Baška, wo ich vor zehn Jahren das letzte Mal war, dachte zurück an die Strohschirme, die dort in den Strand gepflanzt waren, fragte mich, ob sie da noch stehen, dieselben oder andere, ich dachte zurück und vergaß vorauszudenken. So fuhr ich einmal über die k-o-m-p-l-e-t-t-e Insel. Ich meine, von der Brücke, die vom Festland auf die Insel führt, bis an den obersten Zipfel: Baška. Und da: Die reinste Hölle. Die reinste Hölle. Früher hieß das hier bei uns ja Balkangrill, es hieß Sardinien, weiß nicht, wie es noch hieß, es wäre alles alles alles eine Beschönigung der Zustände, die ich vorgefunden habe: Am obersten, äußersten Zipfel der größten Insel der Adria lag ein Badender am anderen, saß ein Zelt auf dem anderen, ein Campingwagen steckte im anderen, wie Puzzleteile, alles griff ineinander, der Ort wirkte, als sei er aus einem Touristenpuzzle zusammengesteckt. Die Campingplätze waren umzäunt und überrannt, in den Infozentralen, die auf jeder Insel und in jedem Ort die letzte Zuflucht für Apartmentsuchende sind, wurde ich schon bei der Einfahrt in den Hof unfreundlich verjagt: Es gibt nix, nirgends. Und dabei bin ich wirklich gut in so etwas, ich kann so gucken, als bräuchte ich Hilfe, und das kommt beim anderen normalerweise auch an. Aber hier, auf dieser vollgepfropften Insel, interessiert das niemanden. Nichts und niemanden. Jeder schlug mir die Tür vor der Nase zu. Ich, in der Annahme, ich mache Abstriche und tue dem Massentourismus einen Gefallen, stapfe in einen der Hotelbunker und gebe mich geschlagen: Ja, ich möchte bei Ihnen übernachten, obwohl es hier im ganzen Haus nach Großkantine riecht und Sie es schaffen, an so einem Ort am Meer so viel Atmosphäre zu schaffen, als wäre es eine Rehabilitationsmaßnahme, so charmant sind Ihre Gänge, so unerträglich jedes Ihrer 3000 unpersönlichen Zimmer – aber ich zahle dafür, was Sie wollen, lassen Sie mich nur bitte rein. Ich fasse mich vor der Dame an der Pforte natürlich viel, viel kürzer, Sie jedoch auch: Wir sind ausgebucht. Schon lange und noch lange. Ich schüttle den Kopf, gehe aus der Hotelanlage: Mir fällt noch ein kleineres Hotel ein, etwas abseits, an dem ich vorhin vorbeigefahren bin. Ich steuere es an, dort sitzt eine junge Dame, die der Dame eben wie aus dem Gesicht geschnitten ist, und wenn es nicht an Wahnsinn grenzen würde, fühlte ich mich wie der Hase bei Hase und Igel, denn diese hübsche Dame saß ebenso gelangweilt an der Pforte wie schon die andere, lustlos hing sie über den vielen Hochglanzprospekten von Krk gebeugt und feilt sich die Nägel. Sie schaut kaum zu mir auf, schüttelt schon den Kopf. Die kriege ich, denke ich mir, irgendwie muss ich die doch kriegen und jammere los. Sie sieht mich zunächst desinteressiert, dann befremdet an. Läuft ja großartig, denke ich, was zur Hölle ist hier denn so anders als überall sonst. Dann finde ich die magischen Worte: »Ja, soll ich denn bei Ihnen im Foyer übernachten?«… Und sie fängt an zu reden, so übercharmant und wasserfallartig, als wäre sie die brünette Schwester von Michelle Hunziker. Ich verstehe die Welt nicht mehr, aber das mit dem Foyer, das war wohl das Zauberwort, das ultimative Eingeständnis, diesen Ort am Meer zu lieben: Ja, wissen Sie, diesen Sommer, da waren hier fünfzehn deutsche Journalisten. Sie sind mit dem Fahrrad über die Insel gefahren, haben Bilder gemacht, Aufnahmen, Interviews mit uns geführt. Es war ja schon immer schlimm, wirklich, die Deutschen lieben Krk, aber seit diese fünfzehn deutschen Journalisten, ich glaube, sie kamen alle aus Bayern, über unsere Insel gefahren sind, ist hier die Hölle los. Jeder will hierher. Das mit dem Foyer, das ist uns diesen Sommer schon fünfmal passiert: Da kamen hier welche rein und sagten, ihnen doch egal, sie schlafen bei uns im Foyer, bis etwas frei wird, sie wollen ihren Urlaub bei uns verbringen. Ich schüttle den Kopf, sage »Leute gibt's!« und schwöre mir, das passiert mir heute Abend nicht.

Sie bietet mir an, die anderen, weniger bekannten Orte auf der Insel abzutelefonieren, ich jubele innerlich, endlich, endlich geht es wieder. Sie macht einen Anruf nach dem anderen und schüttelt schon nach zwei Sekunden den Kopf. Die ganze gottverdammte Insel ist ausgebucht. Und das alles wegen dieser fünfzehn bayerischen Journalisten auf dem Fahrrad, wiederholt sie zwischen den Telefonaten. Sie ruft in jedem einzelnen Ort auf dieser Insel an, und in keinem ist auch nur ein Bett frei, auch nur ein Campingplatz. Ich bedanke mich, nehme eine Handvoll Hochglanzmagazine mit ins Auto, für irgendetwas muss dieser Ausflug doch gut gewesen sein. Ich schwöre mir, die nächsten zehn

Jahre nicht mehr nach Krk zu kommen. Sollen das doch die Foyertouristen tun, ich fahre zurück nach Rijeka, dort ist es immerhin urban, die wissen, was ein Hotel ist und wie man sich auf diesen Massentourismus vorbereitet.

Als ich diese Nacht in Rijeka ankomme, das ich tagsüber noch verschmäht hatte, weil ich von der Idylle am Meer träumte, kam es mir plötzlich vor wie das Paradies. Es gab zwar nur noch zwei freie Zimmer in der Stadt, doch eines davon bekam ich. Und der Parkplatz für das Auto war auch nur drei Minuten vom Hotel entfernt. Und überhaupt hatte das Hotel Geschichte, war noch nicht saniert worden und daher bezahlbar, die Concierge am Morgen war das freundlichste Wesen, das ich vor acht Uhr morgens je erblickt hatte, und überhaupt dankte ich dem Himmel dafür, wieder in einer Stadt zu sein.

Die Dalmatiner und der gepunktete Hund

Um Ihnen mein Verhältnis zu Dalmatien und seinen Bewohnern zu erklären, muss ich mit der Frage nach dem Hund beginnen. Ich kann Sie fragen, welcher Hund am schönsten ist. Ich kann Sie auch fragen, welcher Hund am schnellsten, am freundlichsten, am kinderliebsten ist. Doch ich kann Sie nicht fragen, welcher Hund am gepunktetsten ist. Denn es gibt nur einen. Den Dalmatiner.

Dalmatien gilt innerhalb der kroatischen Regionen als die kargste, die eigenwilligste, die, die vom österreichisch-ungarischen Einfluss am stärksten abgeschottet war. Daher ist sie Ihnen sicher die fremdeste Region, die mit den unberechenbarsten Menschen und Sitten. Doch wehe, Sie fragen, ob Dalmatiner dann osmanische Einflüsse haben: »Die Osmanen kamen nie über unsere Burg«, entrüsten sie sich und zeigen mit dem Finger auf Klis, die Festung, die auf der Felskette vor Split hervorragt und für den Schutz der Küsten vor den Überfällen aus dem umkämpften Hinterland stand.

Ich hoffe, Sie haben bis jetzt genug Beweise von mir erhalten, wie gerne ich den Rest der Küste bereise, wie sehr ich die Hauptstadt inzwischen liebe. Jetzt, da ich abgesichert bin, darf ich Ihnen von meiner Liebe zu Dalmatien erzählen. Ich verspreche es und habe es hoffentlich zur Genüge belegt: Ich bin keine jener Dalmatinerinnen, die Ihnen raten werden, nach der deutschen Grenze mit Vollgas an Zagreb vorbei und über die Autobahn bis an den südlichen Zipfel Kroatiens zu fahren, weil der Rest des Landes die Mühe und das Geld nicht lohnt. Ja, das würden etwa 80 Prozent der Dalmatiner Ihnen raten und es Ihnen genauso vormachen. Sie würden sagen, Sie als Deutscher können sich die restlichen Ecken des Landes doch auch einfach in Büchern wie diesem anlesen und … Für manche Dalmatiner ist das so. Die meisten von ihnen kommen im Laufe ihres Lebens ein- bis zweimal in andere Gegenden ihres Landes oder der Welt. Wozu auch, fragen sie. Wir haben das Klima, die Sonne, das Meer. Und wenn Sie wissen, wo, haben wir auch das Essen. Wir haben die Familie, die Freunde, den Humor. Zagreb? Wer hat je vom Sommer in Zagreb gehört, werden die Dalmatiner sagen, Ihnen noch einmal erklären, wie Sie am besten direkt nach der Einfahrt ins Land, bei Zagreb an der Zahlstelle das Ticket für die Autobahn lösen, aufs Gaspedal treten und frühestens drei Stunden später in Zadar, Šibenik oder Split abfahren. Und mit drei Stunden meine ich drei Stunden. Die Zeit ist das Ziel.

Sie werden es, vor allem, wenn Sie vorher in Slawonien und Istrien waren, sicher selbst bemerken: Die Landschaft wird karger, karstig. Die grünen Bäume, die Sie aus Deutschland gewohnt sind, verschwinden. Viel Stein. Die Menschen im Hinterland Dalmatiens, *Dalmatinska Zagora* genannt, werden sogar als *kameni ljudi* bezeichnet, weil sie von karstigen Bergen umringt sind und das wenige Grün kaum für die Schafe und Ziegen reicht. Man könnte *kameni ljudi* als Steinmenschen übersetzen. Was es jedoch meint, sind steinerne Menschen, in dem Sinne: Wer in solcher Landschaft lebt, wird eines Tages hart wie Stein.

Es ist unbeschreiblich, diese engen Straßen im Hinterland entlangzufahren, auf die Bergrücken, die das Meer verbergen, zuzusteuern, in Richtung Küste zu fahren. Man sitzt am Steuer, fährt auf die Rücken der großen Felsberge zu und weiß, sobald man an ihrem Gipfel angelangt ist, wird die Sicht frei auf das türkisfarbene Wasser und eine der weißen dalmatinischen Städte am Meer. Für jeden, der das erste Mal über das Hinterland an die Küste fährt, wird es schwer sein, sich vorzustellen, wie sich hinter diesen Felswänden das Meer auftut. Das Hinterland ist keine Meereswelt. Und doch ist das Meer immer da: Als Einheimischer, der schon zig Mal im Leben diese Felsen entlang in Richtung Küste gefahren ist, weiß man, was einen erwartet. Die Küste bedeutete schon immer das Entkommen aus der Enge. Aus der Landwirtschaft. An der Küste konnte man als Metzger sein Geld verdienen, als Kellner oder Vermieter von Apartments. Im Hinterland: Nur Land. Vieh. Und Steinhäuser. Die Romantik, die sich durch die französische Provence zieht, finden sie hier nicht. Lavendel finden Sie auf den Inseln, nicht jedoch im Hinterland, für so etwas Verschwenderisches wie Lavendel blieb doch keine Zeit.

Es ist eine ganze eigene Welt, Dalmatien, und innerhalb dieser Welt gibt es eine Zweiteilung, von der ich Ihnen mehr und mehr erzählen werde: Die Felsketten, das Gebirge, teilen Dalmatien in die Küste und die Zagora. Ich möchte keines von beiden missen. Sie als Tourist werden sich der Küste verstärkt widmen. Mit Recht. Doch Sie sollten auch einen Tag die Felskette abfahren und den Badetourismus hinter sich lassen. Den Meerestourismus.

Allmählich setzen die ersten Bauern im Hinterland auf Agrotourismus, ähnlich wie in Istrien. Es wird dauern, bis die Gastgeber so weit sind, Gäste zu empfangen.

Sind Sie erst im dalmatinischen Teil des Landes angekommen, können Sie von der Autobahn abfahren, wo es Ihnen beliebt. Es ist überall das Gleiche. Mein Bruder hatte nach Jahrzehnten Dalmatientourismus eines Tages die Schnauze voll und sagte: Er reist nicht mehr durch Dalmatien, weil ihn überall die gleiche weiße Altstadt, der gleiche weiße Hafen, das gleiche blaue Meer und die gleichen Wappen des UNESCO-Weltkulturerbes erwarten. Er hat sein Wort gehalten und macht seit vier Jahren Ferien auf einem Allgäuer Bauernhof. Wie er will. Ich komme jedes Jahr und werde nicht müde, mir eine weiße Marmorstadt nach der anderen anzusehen. Ich kann gar nicht genug von diesen Marmorstädten kriegen, denn jede hat ihren historischen Kern, ihre Besonderheiten, die zu entdecken sind.

Ihnen schlage ich vor, wieder, um es Ihnen leicht zu machen: Sie fangen an mit Zagreb. Denn Dalmatien ist nicht nur ein Wetterumschwung, der Sie erwartet, sobald Sie den Tunnel Sveti Rok durchfahren haben. Dalmatien ist ein Mentalitätswechsel. Vor allem, wenn Sie aus den nördlicheren Ecken Europas kommen, was Sie vermutlich tun. Dort, wo Sie herkommen, wissen sich die Menschen noch zu benehmen. In Dalmatien fängt der direkte Kontakt an. Ich habe Sie durch das Land gelotst wie einen Anfänger im Kickboxen: Zunächst Zagreb – das ist Leichtkontakt. Dann Istrien und Kvarner Bucht – das ist Semikontakt. Ab jetzt, hier in Dalmatien, herrscht Vollkontakt. Geben Sie acht. Seien Sie auf alles gefasst. Und vor allem: Lassen Sie sich fallen, Widerstand ist zwecklos. Fangen wir mit Zadar an.

Apartmentdealer 1: Grundwissen

In Dalmatien fängt das Rennen um die Apartments erst richtig an. Die stärker von Österreich-Ungarn beeinflussten Regionen haben noch immer diese mondänen Hotels. Stark von Touristen beanspruchte Regionen wie die Insel Krk haben seit Jahrzehnten Hotelbunker. Dalmatien hat beides nur vereinzelt, denn der Dalmatiner im Hinterland lebte früher zwar in Genossenschaften, genannt *zadruga,* doch schon bald, als er sich abkapselte, machte jeder sein eigenes Ding. Sie reisen in die Ecke der individualistischen Anarchisten, keiner lässt sich hier von keinem etwas sagen, redet aber jedem bei allem rein. Und das sicher nicht politically correct. Die Dalmatiner sind bekannt für die schmutzigste Sprache, schon zum Frühstück bekommt man hier die gröbsten Sprüche serviert. Das ist nicht böse gemeint, der Dalmatiner verleiht seinen Gefühlen einfach gerne Ausdruck. Und das vehement.

In Dalmatien ist man als Dalmatiner nur dann anerkannt, wenn man ein Haus besitzt, ein Haus geerbt oder gerade den Kredit für ein Haus aufgenommen hat. Im Notfall darf die eigene Frau auch dem Nachbarn, der ein Haus besitzt, Gift in den Wein geschmuggelt haben, Hauptsache, sie kommen spätestens mit Anfang dreißig zu ihrem dalmatinischen Eigenheim. Lange gab es Land zu kaufen ohne die Papiere dazu, die Dalmatiner waren so verrückt nach dem eigenen Haus, dass sie dachten, sie bauen im Notfall auch ohne Papiere, es reißt schon keiner ein fertiges Haus ab. So etwas macht einfach keiner, zumal man sich in Titos Jugoslawien einfach ein freies Stück Land wählen und darauf bauen konnte. Doch Titos Jugoslawien ist untergegangen, und mit seinem Untergang kamen die Bagger ins Land. Die Dalmatiner sagen *baaager*, ans Deutsche angelehnt. Die *baaager* haben Häuser ohne Papiere einfach abgerissen. Das war besonders für die deutschen Touristen traumatisch, die als Letzte davon erfuhren, dass sich manche sogenannten Immobilienagenturen in Kroatien nur darauf spezialisiert hatten, jenes Land an interessierte Deutsche zu bringen, für das sie keine Papiere hatten. Weil die Deutschen dachten, in so einem unterentwickelten Land funktioniert das alles eben auch ohne Papiere, bauten sie ganze Siedlungen, bis auch dort der *baaager* kam. Zugegeben, das klingt jetzt lapidar, war jedoch für so manche Familie mehr als traumatisch. Die dalmatinischen Ehefrauen mussten den Ehemännern nachspionieren, um sicherzugehen, dass ihnen keiner so einen Hausdeal andrehte, denn der Versorger steckt tief verankert im kroatischen Mann, aber der Faulenzer eben auch, und so lockte das billige Land ohne Papiere …

Was haben deutsche Touristen schon geweint, als sie sich ihre Sommerresidenzen kauften, nicht nach den Papieren fragten und dann eines Morgens der Bagger um die Ecke bog, das neue Feriendomizil abzureißen. Mitleid gibt es von kroatischer Seite dafür keines. Gerade von Deutschen erwartet man, mit Fragen nach Papieren besonders gründlich umzugehen, auch im Ausland.

Inzwischen hat sich das Chaos um Land und Papiere herumgesprochen, und so mancher Deutsche, der gerne nach Kroatien kommt, bleibt lieber Feriengast als Hausbesitzer.

Es wird Ihnen auf den ersten Blick vorkommen, als hätte jeder Kroate ein Apartmenthäuschen und böte Wohnungen zur Miete an. Dort, wo die Hotels weniger werden, wird dieser Eindruck verstärkt, weil die Ausweichmöglichkeiten fehlen. In Dalmatien fehlen Hotels, sowohl auf den Inseln als auch auf dem Festland. Daher beginnt das Apartmentkroatien in seiner ganzen Wucht erst in Dalmatien. Wo Ihnen jeder an jeder Ecke eine Ecke seines Häuschens anpreist.

Sie werden denken, für Sie als ordentlichen Deutschen, der seinen Sommerurlaub schon an Weihnachten plant und im Frühjahr vorsorglich bucht, ist eine solche Gebrauchsanweisung für die Apartmentlandschaft völlig überflüssig. Doch selbst dann wird Ihnen bei der Suche im Internet auffallen: Der kroatische Tourismus lebt in großen Teilen von der Vermietung privater Wohnungen, Häuser und Apartments. Um sich eine schöne Zeit machen zu können, muss man sich auskennen in diesem Dschungel. Natürlich, auch ein Hotelbetreiber kann einem alles erzählen, was ihm einfällt, und wenn man vor Ort ist, steht man dennoch genau dort, wo man in seinem Sommerurlaub nie stehen wollte. Aber das Mieten von Apartments, sowohl von Deutschland aus als auch vor Ort, ist eine Kunst für sich. Das Buchen von Deutschland aus sei jenen vorbehalten, die es mögen, wenn man ihnen das Blaue vom Himmel fotografiert. Der wahre Tourist sucht vor Ort. Der halb wahre im Internet einen Tag, bevor er vor Ort ist, und wenn er schon eine Empfehlung in der Tasche hat. Der deutsche Tourist bucht – nicht minder mutig – vier Monate im Voraus. Wie gesagt, Sie können auch in ein Hotel, doch die sind meistens um einiges teurer. Und unpersönlicher. Denn der Apartmentdealer ist in vielen Städten der Schlüssel zur Stadt.

Es gibt mehrere Typen Apartmentdealer: Da wäre einmal die ältere, alleinstehende Dame, die den halben Tag im Hof unter der Laube sitzt und Gemüse für Suppen schält, lateinamerikanische Telenovelas in Schwerhörigenlautstärke aufdreht, bügelt und Kreuzworträtsel löst. Diese Damen werden Sie schnell zum Mittagessen einladen, werden von der über die ganze Welt zerstreuten Familie erzählen, von einem Sohn in Deutschland, dem anderen in Australien. Sind Sie Deutscher, wird sie natürlich den deutschen Sohn konkretisieren, meist lebt er in München, Stuttgart oder Frankfurt, manchmal auch in Ingolstadt oder Memmingen. Sie wird klagen, wie wenig er sich um sie und das Haus kümmert. Und Sie werden jedes Mal, bevor Sie durch den Hof gehen und ans Meer, die Geschichte vom Nachbarn, vom Ischias oder den schwachen Knien Ihrer Vermieterin hören. Es hilft Ihnen nichts, wenn Sie kein Kroatisch sprechen, diese Damen können nach all den Jahren im Tourismus genau jene Brocken Deutsch, die sie brauchen, um Ihnen in Ihrem Sommerurlaub beachtlich auf die Nerven zu gehen. Sie werden das nicht zugeben wollen, vor sich selbst nicht und vor Ihrer Vermieterin nicht. Doch schon nach drei Tagen werden Sie ein schlechtes Gewissen haben, wenn Sie ans Meer gehen, ohne sie nach ihrem Knie gefragt zu haben, Sie werden um die Mittagszeit bei der Dame eine Suppe löffeln und sie wissen lassen, wie hervorragend sie schmeckt. Die Dame wird Ihnen ausrechnen, wie viel Geld Sie nun durch ihre Suppe gespart haben, und wird am nächsten Tag, wenn Sie an ihr vorbeilaufen wollen, um in ein Restaurant zu gehen, schauen, als wäre sie der einzige Schlüssel zum nachmittäglichen Suppenglück. Sie werden sich verfluchen dafür, kein härterer Mensch zu sein, werden sich in eine All-inclusive-Anlage wünschen, wo man Ihnen Ihre Ruhe lässt und dieses nervöse Zucken im Nacken, wenn Sie durch den Hof gehen, ausbliebe. Diese Frauen sind nicht wie die *babas*, die ihre Ruhe wollen und anderen ebendiese Ruhe lassen. Nein, diese Damen sind anhänglich und ungern allein. Nur deshalb haben sie aus ihrem Haus eine Pension gemacht: um Gesellschaft zu haben. Um sich im Alter die Gesellschaft jüngerer Gäste zu sichern. Hüten Sie sich vor diesen Damen. Denn wenn Sie sich nach drei bis vier Tagen besinnen, endlich wieder zu sich und Ihrer Familie sagen, nun gut, ich bezahle das hier ja, ich muss die Hausherrin nicht bespaßen, wird sie gebeugt vor Ihnen über den Hof humpeln und so tun, als bekäme sie schlecht Luft. Sie werden sich wünschen, beim Buchen weniger geizig gewesen zu sein. Zehn Euro mehr, und Sie hätten das Apartment des netten Nachbarn gehabt, der jeden Abend für seine Gäste grillt – wenn diese es *wollen*. Sie hätten es am Boden Ihres Apartments erkennen können, schon im Internet. Solche Damen legen immerzu dicke Teppichläufer über den Fliesen- oder Holzboden. Am Ende, am letzten Tag Ihres Urlaubs, an dem Sie sich versprechen, nicht mehr bei dieser Dame, aber gerne noch einmal in dieser Stadt Urlaub zu machen, da wird Ihnen diese Dame eine Hochglanzvisitenkarte mit neuem Online-Auftritt in die Hand drücken, die der Sohn, der sich angeblich nicht kümmert, für sie erstellt hat. Sie werden von ihr hören, dass Sie nächstes Jahr auf jeden Fall wiederkommen sollten, weil sie die Garage in ein Apartment umbaut, und dann würde das schönste Zimmer sicher frei, und Sie würden es bekommen … Sie werden schon wieder weich … Denken Sie nicht, ich würde jetzt noch einen Satz zur Ehrenrettung diesen Typs Apartment-Dealerinnen schreiben. Sie sind raffiniert, und sie haben mich schon einige schön gedachte Tage gekostet – ich bin da inzwischen fein raus. Sie als Einsteiger können sich gerne noch zu ihnen in den Hof setzen. Ich habe das hinter mir. Es ist schwierig, die guten von den schlechten zu unterscheiden, denn es gibt auch gute. Das wäre der Typ 2.

Dame Typ 2 ist etwa gleichen Alters, wohnt aber mit ihrer Familie im Haus. Das heißt, wer ihre tägliche Suppe isst, wäre längst geklärt. Meist hat sie für Sie nicht einmal etwas übrig, weil noch so viele Nachbarn spontan zu Besuch kommen. Dame Typ 2 wird Ihnen bei Ihrer Ankunft freundlich die Türen öffnen, den Schlüssel in die Hand drücken und im Notfall, wenn Sie einmal nicht wissen, wo Sie was finden, mit Rat und Tat zur Seite stehen. Kurz bevor Sie wieder gehen, wird diese Dame Ihnen etwas Hausgemachtes auf einem Tellerchen zu probieren geben. Ein paar Sätze nur wird sie mit Ihnen wechseln. Und wenn Sie abfahren, ihr das Geld bar reichen, gibt es für Sie die obligatorische Visitenkarte mit dem Apartmenthaus in der Ecke auf die Hand.

Gute Apartments zu finden ist wirklich eine Kunst für sich. Sie können das von Deutschland aus tun, das wäre jedoch nur bei glaubwürdigen Online-Auftritten und 360-Grad-Bildern gut zu meistern. Fragen Sie, schon am Telefon, ob das Zimmer, das Sie auf dem Bild sehen, auch das Zimmer ist, das Sie gerade anmieten. Fragen Sie, ob es Fenster gibt, und lehnen Sie es ab, wenn sie antworten, nein, aber Klimaanlage. In diesen Sommern brauchen Sie, um einigermaßen atmen zu können, Fenster, die größer sind als 30 mal 30 Zentimeter. Sie sollten fragen, ob der Aschenbecher, der auf dem Tisch zu sehen ist, genutzt wird oder ob man zum Rauchen auf den Balkon muss. Und je weiter nach Süden Sie fahren, desto wichtiger wird die Frage: Wie nah ist das Haus am Meer? Es gibt in Kroatien nicht nur diese zwei Kategorien, Häuser nah am Meer und Häuser weit vom Meer. Es gibt auch noch Ferienhäuser auf dem

Berg (Sie erinnern sich, die besagte Felskette?). Bei diesen Häusern schafft man es nur einmal am Tag ans Meer, aus lauter Angst, bei über vierzig Grad zweimal am Tag den Berg runter- und wieder raufgehen zu müssen. Denken Sie nicht, es gebe Parkplätze auf dem schmalen dalmatinischen Küstenstreifen: Wenn Sie auf dem Berg wohnen, ist das Fortbewegungsmittel der Wahl ihr rechter und linker Fuß. Manche Häuser scheinen keinen Haken zu haben, doch dann, nachts, Sie wollen gerade einschlafen, die Meereswellen im Körper noch einmal spüren, da fahren Sie plötzlich und alle fünf Minuten aus Ihren Kissen hoch, weil Motorräder geradewegs an Ihren Ohren vorbeirasen. Sie rasen vor Ihren kleinen Fenstern vorbei, die Sie der Hitze wegen offen lassen müssen. Man muss gut darauf achten, vor allem an der Makarska Riviera, keine Straße mit Nachtrasern zu erwischen. Manchmal werden Sie das Apartment Ihrer Träume finden und denken, ja, das will ich. Am wahrscheinlichsten ist in solchen Fällen, vor allem in der Hochsaison, dass der Vermieter entgegnet: Ja, und viele andere auch. Sie sind stolz auf den Run, den ihre Apartments auslösen. Gerade die schönsten werden oft von Wiederkehrern schon ein Jahr im Voraus gebucht. Das mag jetzt alles klingen, als wäre es unmöglich, ein Apartment zu finden. Das wollte ich damit nicht sagen. Ich wollte Sie nur warnen: Es kostet Zeit. Und Verstand.

Früher bin ich ohne Vorbuchungen in die Orte gefahren, auf gut Glück. Doch das geht nicht mehr. Kroatien ist das einzige Land, in dem im Hochsommer auf jeden Einwohner zwei Touristen kommen. Die absoluten Zahlen werden zwar immer mit Frankreich, Spanien oder Italien verglichen, doch kaum einer macht sich klar, dass in Kroatien die Touristen auf nur vier Millionen Einheimische treffen. Die Infrastruktur des Landes ist nicht für über zehn Millionen gemacht. Daher kann es eng werden. Und die Apartments sind der erste Schauplatz dieses Kampfes um Platz. Früher, als es noch weniger Touristen waren, standen an jedem Busbahnhof zig Großmütter mit einem kleinen Kartonschild in der Hand: ZIMMER FREI. Ja, das deutsche ZIMMER FREI, denn die meisten Touristen waren immer schon Deutsche. Auf Brač, eine der schönsten Inseln vor Split, gab es ein ganzes Theaterstück zum Thema Apartmentsuche. Und wie hieß das Stück? ZIMMER FREI. Schrieb sich manchmal auch: CIMER FRAJ. An den Straßenrändern können Sie auch schon sehen, ob ein Haus Apartments vermietet. CIMERE CAMERE SOBE steht dann untereinander und soll in dieser Reihenfolge Deutsch, Italienisch und Kroatisch sein. Die Schilder sind oft einfach gehalten, stehen gut sichtbar am Haus, selbst von den Autostraßen aus. Wenn Zimmer frei sind, hängt an dem Haus ein grellfarbenes Schild mit ZIMMER FREI.

Apartmentdealer 2: Praxisbericht

Ich hatte Ihnen ja geraten, in Zadar von der Autobahn abzuzweigen. Ich habe Ihnen das nur deshalb empfohlen, weil ich das selbst dieses Jahr, als ich für diese Gebrauchsanweisung durch das Land gefahren bin, so gemacht habe und nun so tun kann, als hätte ich zu jedem Ort eine Geschichte parat. Die Sache mit den Apartmentdealern ließe sich nämlich beliebig fortsetzen. Es gibt nicht nur die Damen vom Typ 1 und Typ 2, wenngleich sie am häufigsten das Vermietungsmanagement der Häuser übernehmen. Es gibt, mindestens genauso häufig, den gutmütigen älteren Mann, der seiner Frau alles abnimmt, oder den strengen Familienvater, der sorgfältig danach schaut, wer ihm ins Haus kommt, vor allem, wenn er noch junge Töchter hat. Es gibt neuerdings auch ein paar Rückkehrer. Jene deutschen Gastarbeiter oder deren Kinder, die zurück nach Kroatien sind und nun Apartments vermieten. Die werden Sie alleine daran erkennen, wie sie ihre Häuser gebaut und ihre Apartments eingerichtet haben: Es ist alles quadratisch, praktisch, gut. Mediterranes Flair werden Sie bei solchen Vermietern nicht finden, aber Sie werden sich dafür wie zu Hause fühlen. Für jene von Ihnen, die im Urlaub gerne Schnitzel essen, könnte das genau das Richtige sein.

Doch nun zurück zu meinem letzten Apartmentdealer. Ich muss zugeben, er war der beste bis jetzt, und deshalb kann ich Ihnen diese Geschichte auch nicht vorenthalten oder einen Typ X aus diesem Mann machen. Es gibt wahrscheinlich genauso viele Typen von Apartmentdealern wie Häuser in Kroatien, die vermietet werden. Wenn einer vor Ihnen steht und Jozo heißt, nehmen Sie sich in Acht. Sie werden nicht wieder abreisen wollen, in diesem Leben nicht.

Dabei fing das mit Jozo nicht sonderlich vertrauenerweckend an. Stellen Sie sich vor, ich habe getan, was ich Ihnen empfehle: Meine erste Station in Dalmatien ließ ich Zadar sein. Weil es Hochsaison war, habe ich über booking.com schon von Zagreb aus mein Apartment gebucht. Zugegeben, so etwas tue ich sonst nie. Ich ging also davon aus, einmal in diesem Leben gut vorbereitet zu sein, um für Sie, lieber Leser, in aller Ruhe, auf der Terrasse des Vermieters dieses Kapitel zu schreiben. Gut, ich habe bei der Buchung einen Fehler gemacht: Ich habe nicht meine echte Telefonnummer hinterlassen, nur meine E-Mail-Adresse. Ich meine, man weiß ja wirklich nie, wer da anruft oder wem und zu welchem Zweck sie die Nummer verkaufen. Ich kann Ihnen nur sagen: Es ist eines, an seinem Urlaubsziel anzukommen. Es ist etwas ganz anderes, in Zadar anzukommen. Und gerade deshalb sollten Sie es tun.

Es ist wirklich nicht so, als würde man sich in Zadar auf der Vergangenheit ausruhen. Dabei könnte man das. Nein. Gerade Zadar, die als Peninsula unter den dalmatinischen Städten vielleicht die ungewöhnlichste ist, könnte sich zurücklehnen und die Touristen kommen lassen. Doch die Einheimischen wollten eine Stadt, die auch im Herbst und Winter lebt. Ganze Straßenzüge opfern sie Street-Art-Künstlern, um nicht nur im Gestern gefangen zu sein. Sie bemalen ihre Fassaden blau, gelb oder gestreift. Noch nicht wie Frida Kahlo in Mexiko, aber fast. In genau so eine Street-Art-Straße hatte ich mich also über booking.com eingemietet. Ja, ich hatte im Voraus gebucht, im nächsten Jahr wird das mein persönlicher Feiertag. Meine langfristige Planung hat mir jedoch das komplizierteste Ankommen je beschert. Normalerweise, wenn ich ohne Buchung komme, fahre ich die Stadt meiner Wahl kurz nach dem Morgengrauen an, um vor Ort zu sein, nachdem die Touristen ihre Zimmer geräumt haben. Doch so, mit dieser Buchungsbestätigung von booking.com in der Tasche, kam ich erst nach Sonnenuntergang an, weil es auf dem Weg noch einiges zu besichtigen galt. Doch als ich endlich vor der Pension stehe, stolpert ein verdächtig ins Schwitzen geratener Hausherr aus dem Flur und versichert mir aus heiterstem Himmel: Machen Sie sich keine Sorgen, für Ihre Unterkunft ist gesorgt. Bis dahin hatte ich mir eigentlich keinerlei Sorgen gemacht. Ich nicke, so, als würde die Erkenntnis langsam in mich einsickern: Ich weiß plötzlich, ich hätte mir Sorgen machen sollen. Eine Buchung ist eine Buchung ist keine Buchung, das hätte ich wissen müssen. Wer ist schon booking.com? Ich verziehe sorgenvoll das Gesicht, weil ich weiß, was dieses »Machen Sie sich keine Sorgen« in Kroatien zu bedeuten hat. *Ne brini, ne brini.* Es ist der denkbar ungünstigste Satzanfang, den Sie in so einer Situation von einem Kroaten hören können. Erst dann, wenn er Sie auffordert, sich keine Sorgen zu machen, haben Sie allen Grund dazu. Sonst ist ein Kroate übermütig und fliegt über die Hindernisse dieser Welt hinweg, als wären sie nicht für ihn geschaffen, sondern dafür, dass er sich über die Mühe der anderen, ebendiese Hindernisse zu überwinden, amüsieren kann. Er sieht dem Leiden der anderen gerne zu wie früher das Publikum in Shakespeares Globe Theatre: lautstark kommentierend, brüllend und vor Lachen Tränen weinend. Es kommt ihm nicht in den Sinn, ein Problem auf sich zu beziehen, es sei denn, es landet wie ein Faustschlag in seinem Gesicht. »Machen Sie sich keine Sorgen um Ihre Unterkunft« könnte also der Ansatz zum Faustschlag sein, denke ich mir und ziehe mir meine deutsche Gewissenhaftigkeit übers Gesicht, um ihm wortlos klarzumachen: Bei mir geht so etwas wie Doppelbuchung nicht. Ernste Miene, böses Spiel. Jozo ist ein Menschenkenner, kapiert das natürlich gleich. Was sagt er als Nächstes: *Nema problema*. Es gibt kein Problem. Wenn wir bei diesem Satz angekommen sind, befinden Sie sich kurz vor Alarmstufe Rot. Jozo steht da, zappelt vor mir herum, hält sich mit der rechten Hand den Rücken, *bandšajbe* sagte er, und ich nicke, in Kroatien heißt das Nicken in solchen Momenten: *du mich auch*. Booking.com habe einen Fehler gemacht, das sei noch nie vorgekommen, noch nie. Ich nicke. Doppelbuchung also, denke ich. Wir haben Hochsaison. Es ist mitten in der Nacht. Jozo kennt Menschen gut. Und wird nervös. Als Erstes fragt er, ob ich mein Auto in der Parklücke vor seinem Haus parken will. Ich sehe mir die Lücke an. Bergan mit zwei Zentimetern Luft vorne und hinten. Das kriege ich hin, sage ich, und mache mir auch schon in die Hose. Ich hasse Zwei-Zentimeter-vorne-zwei-hinten-Parklücken. Aber es ist seine Art, mir zu zeigen, dass ich hier heute nicht mehr wegmuss. Ich setze mich ins Auto, manövriere es zur Parklücke und setze zum Parken an. Ich muss Ihnen jetzt nicht ausführen, wie das aussieht. Jozo hält sich mit der einen Hand den Rücken und mit der andern winkt er mich an: Vor! Zurück! Stopp! Hinter mir wird schon gehupt, es ist eine einspurige Straße. Jozo schwitzt, ich kurble das Fenster auf und schaue aus der Fahrertür nach hinten, als der Huper hinter mir aus dem Auto steigt und durch die ganze Straße brüllt: »Wer hat dir eigentlich den Wisch gegeben, der sich Führerschein nennt? Da würde ein Blinder einparken, ein Blinder!«

Jozo bellt zurück: »Aber der Blinde würde deine beschissenen Warnblinker nicht sehen, du Idiot!«

Ich fahre Jozo an: »So kann ich nicht einparken!«

»Pa jebem mu majku, jesi ti Švanca ili naša? Jesu tebe tvoji išta naučili?«, fragt er mich, was ich Ihrer guten Erziehung zuliebe übersetze mit: »Verdammt noch mal, bist du Deutsche oder eine von uns? Haben deine Eltern dir denn gar nichts beigebracht?«

»Ich bin schon seit zehn Tagen im Land, und niemand hat gesagt, verdammt, bist du Deutsche oder eine von uns!«

»Ja, aber jetzt bist du in Dalmatien. Da bist du jetzt, hier redet man nun mal so, klar?«

Ich lache, ziehe die Handbremse, steige aus dem Auto und sage: »Bitte!«

Jozo hält sich noch immer demonstrativ den unteren Rücken, *bandšajbe,* sage ich, schüttle den Kopf und lasse ihn an mir vorbei. Er setzt sich auf den Fahrersitz und fährt meine alte Karre in zwei Zügen zwischen die zwei parkenden Autos.

»Geht doch!«, sage ich. Und der Idiot von eben hupt und rast vorbei.

»Und wo stelle ich jetzt meinen Koffer ab?«

Jozo nickt. Wir brechen in Lachen aus.

»Du schläfst nicht auf der Straße«, versichert er mir.

»Stimmt, vorher schläfst du auf der Straße.«

Er klopft mir auf die Schultern: »Doch eine von uns, hm?«

»Wenn's sein muss.«

Er lacht. Und bleibt ein Schlitzohr dabei. Ich muss mit ihm durch die halbe Stadt laufen, bis ich bei einer Freundin von ihm bin, die seinen Touristen, wenn er die Nummer mit den Doppelbuchungen durchzieht, Unterschlupf gewährt. Er macht wahrscheinlich fünfzig Euro mehr die Nacht mit dieser Nummer, ich zolle ihm Respekt. Und sage ihm trotzdem, dass ich die nächste Nacht in dem Apartment verbringen will, in das ich mich eingebucht habe. Sonst nimmt er mich keine Sekunde lang ernst. Ich mache mir auch keine Sorgen darüber, ob ihm das gelingt. Er wird einfach die Nummer mit der Doppelbuchung bei einem seiner gutmütigeren Gäste durchziehen, so einfach geht das. Morgen schlafen die wahrscheinlich hier, denke ich, als ich einschlafe.

Am nächsten Morgen, ich finde kaum den Weg zurück, klopfe ich wieder an seiner Tür. Er kommt die Treppen runter:

»Nimm doch mal die Hand vom Rücken, Jozo. Ich weiß doch, dass du ein Guter bist …«

»Du weißt ja, man muss sehen, wo man bleibt. Die Sommer sind kurz und die Rechnung hoch …«

Vor seinem kleinen Haus hat er ein Café eröffnet, wenn einmal alles schiefgeht, spendiert er einfach Bier. Ich ziehe ohne weitere Umstände in das Apartment ein, das ich gebucht habe, und auch den Parkplatz, den es laut booking.com nicht gibt, kriege ich. Jozo gibt seinen Gästen Tipps für Bars und Strände und gute Restaurants. Das sind die Klassiker, dabei geht keiner dieser Apartmentdealer abends aus oder essen in seiner Stadt. Sie hüten Haus und Hof, bis der Herbst kommt. Die Empfehlungen, die sie aussprechen, sind meistens Freundschaftsdienste. Die Nächte verbringt Jozo nämlich nicht in Bars, sondern auf seiner Terrasse. Die meisten seiner Gäste setzen sich, wenn sie aus der Stadt zurückkommen, gerne dazu, oft bis zwei, fast drei Uhr nachts. Er erzählt dann gern von seiner Zeit als Illegaler in New York. Fünf Jahre war er da: »Mann, ich hab die Welt gesehen. Aber ich wollte zurück in mein *kvart.*«

Kvart, das ist das Viertel, in das man gehört, etwas wie der Berliner Kiez. Seine Frau hat die ersten Nächte hier nur geweint. Ach was, die ganzen ersten Monate. Es ist schwer zurückzukommen, wenn man einmal die Welt gesehen hat. Aber es gibt einen Punkt, ab dem es nicht mehr schwer ist, sondern einfach unmöglich, und den wollte er nicht abwarten. Er googelt das Café, das sie in Brooklyn hatten, zeigt mir stolz die Bewertungen seiner Gäste, obwohl die meisten schreiben, er hätte keine Ahnung von Kaffee, aber das ist ihm egal, er verkaufte ihn, sie tranken ihn. Jozo lacht, und man glaubt ihm diese Härte nicht.

»Weißt du«, sagt er, »es ist leicht in Amerika. Die leben in Wohnungen wie kleine Mäuse. Und dann, wenn sie eine Familie wollen, dann kaufen sie sich ein Haus am Arsch der Welt und fahren zwei Stunden zur Arbeit. Hör mal, zwei Stunden zur Arbeit fahren, das ist ein Halbtagsjob. Und so ein Haus am Arsch der Welt könnte ich mir in Kroatien auch leisten. So ein Haus am Arsch der Welt will hier aber keiner. Hier will doch jeder ins Zentrum. Ans Meer.«

Jozo trinkt gern, schenkt aber noch lieber seinen Gästen ein. Er hat die Dinge unter Kontrolle. Und zahllose Geschichten im Gepäck. Er ist der König seiner Straße. Wie auch nicht, er war in New York. Und hat es mit seinem kleinen Straßencafé bis ins Stadtmagazin Village Voice geschafft. Und natürlich auf die Polizeiwache. Aber daran war er natürlich nicht schuld, sondern einer seiner Onkel, der gerne krumme Dinger drehte. Er packt nach zwei Uhr nachts eine krumme Onkelgeschichte nach der anderen aus, und wir lachen, bis uns die Augen zu- und die selbst gebrannten Schnäpse aus den Händen fallen. Als ich einschlafe, weiß ich nicht mehr, ob ich zu viel getrunken oder Jozo zu viel *Der Pate* gesehen hat. Wahrscheinlich beides. Aber die Empfehlung seines Cafés in der Village Voice, die war noch online …

Am nächsten Morgen stehen zwei britische Jungs vor seinem Haus. Sie waren letztes Jahr bei ihm und machen auch dieses Jahr wieder Urlaub in Zadar. Sie beschweren sich bei Jozo darüber, dass sie dieses Jahr Pech hatten: ihr Apartment liege zu weit draußen. Moment, sagt Jozo, die Augen noch geschwollen von der langen, trinkreichen Nacht. Er ruft jemanden an. Dieser Jemand biegt keine Minute später um die Ecke, als hätte er nur auf diesen Anruf gewartet. Er ist sehr lang und sehr dünn. Die zwei Briten, die letztes Jahr schon da waren, folgen dem dünnen Mann, der aussieht, als kenne er das Leben auf der Straße mehr als gut. Jozo ruft ihm nach, er solle sich von den beiden bloß nicht über den Tisch ziehen lassen, die hätten genug Schotter. Nach nur zwei Minuten kommen die zwei Briten wieder zurück, heben den Daumen hoch und bedanken sich bei Jozo. »Nächstes Jahr sind wir wieder bei dir!«, sagen sie. »Bucht rechtzeitig«, ruft er ihnen nach, doch sie sind schon um die Ecke.

Der sehr Lange und sehr Dünne setzt sich zu uns an den Tisch, er sieht einem nicht in die Augen, und es fällt mir schwer, nicht zu denken, dass er einmal Junkie war. Vor uns dreien spielt Jozos kleiner Sohn. Oben auf der Terrasse hängt Jozos Frau die Wäsche auf. Und gegenüber im Haus trainieren die australischen Verwandten auf ihrem Superstepper und saugen Staub. Wenn sie nicht gerade durch die Stadt ziehen. Ein Yuppie-Pärchen. Sie alle in dieser einen Straße. In Deutschland müsste ich für so eine Mischung drei Stationen abfahren: Großstadtvororte, die Bahnhofsmission und irgendein Szeneviertel.

Jozo haut dem langen Dünnen gegen das Knie: »Und, was hast du verlangt?«

»Fünfzig Euro.«

»Fünfzig Euro? Verdammt, nächstes Mal mach ich das …«

Meeresorgel – morske orgulje

Zadar. An der Riva. Der Wind pfeift der Altstadthalbinsel um die Ohren und macht einem die Hitze erträglich. So, mit diesem Wind im Ohr, muss einmal ein Architekt hier spazieren gegangen sein. Ihm fiel auf, dass noch an keinem Ort dieser Welt das Meer und die Luft gemeinsam musizieren.

Jetzt ist sie da, als wäre sie immer da gewesen, die Meeresorgel. Und man fragt sich, wie bei allen schönen Dingen, warum noch nie einer vorher daraufkam. Weiße Marmorstufen, auf denen Touristen sitzen, Badende liegen und kleine Kinder den Klängen lauschen. Sie liegen dann wie eingerollte Igelkugeln und pressen das Ohr ganz fest gegen den warmen Stein, als hätten sie Mittelohrentzündung und suchten Wärme. Sie können nicht glauben, dass Steine Musik machen, und das Meer die Orgel nicht kaputt macht, sondern bespielt. Sie bewegen sich, wenn überhaupt, langsam wie Schildkröten, als befürchteten sie, die sonderbare Meeresorgel sonst zu verjagen, als sei sie ein scheues Tier.

An der Meerespromenade in Zadar pfeift der Wind Töne aus den Marmorsteinen. Oder drückt das Meer in die Taste. Wessen Finger spielen die Melodie? Sie klingt unheimlich an manchen Tagen. Sakral an anderen. Schön klingt sie an den einfachsten, den besten Tagen. Nie pfeift sie gleich. Die Idee einer Meeresorgel ist so schön, dass man nicht glauben kann, dass sie nicht so alt ist wie der Marmor. Die Klänge sind schwer wie der Stein, aus dem sie steigen, erhaben, schwer zu glauben, diese Orgel ist eine Erfindung unserer Zeit. Doch es ist so.

The Garden

Natürlich sollte man nach Zadar kommen, um die Basilika des heiligen Donat zu sehen und die archäologischen Reste und die modernen Anbauten an die alte Architektur. Weltkulturerbe, Tradition, alles ruft. Doch erst als UB 40 in die Gegend kamen, um hier ihren Garten zu eröffnen, wurde Zadar zu einem It-Girl, dem alle nachrennen.

Das war keine Liebe auf den ersten Blick. Die Electro-Szene suchte sich zunächst einen Ort in der Nähe von Zadar aus. Der australische Cousin von Jozo erzählte mir, wie jenes kleine Örtchen am Meer von den sechs Wochen Electro-Tourismus das ganze Jahr über lebte. Die Häuser der Vermieter wuchsen Winter um Winter um ein Stockwerk. Restaurants machten auf, die selbst in der Nebensaison aufhatten, weil die Einheimischen plötzlich genug Geld hatten, um essen zu gehen, erzählt er. Aber es wäre nicht Kroatien, sagt er, wenn diese Debilen sich ihr eigenes Schicksal nicht selbst schlechtreden würden: Die Leute beschwerten sich beim Bürgermeister über die britische Okkupation. Das hatten wir schon, sagten die Bürger, das brauchen wir nicht mehr. Was ist schon so ein Tausender auf dem Nachttisch als Dank für eine schöne Woche am Meer, wenn man das Land, das man sich erkämpft hat, auch für sich selbst haben könnte. Die Stadt brach in Panik aus, obwohl die Feiernden meist friedlich waren – da gab es Inseln, Pag etwa oder Hvar, die mit heftigeren Nächten umgehen mussten. Der Bürgermeister nahm sein Volk beim Wort. Als nach fünf Jahren der Mietvertrag der Briten auslief, wurde er nicht erneuert.

Jetzt bauen sich die Leute in Zadar jedes Jahr ein neues Stockwerk. Und die Bewohner des kleinen Ortes nebenan, die vor Kurzem noch die Gastgeber waren, werfen in sommerlicher Langeweile die Angeln ins Meer, schauen neidisch, wie sich die Zimmer im Nachbarort füllen, selbst in der Vorsaison. Jetzt wiederum schreien sie empört, die Nachbarn hätten ihnen die Touristen weggenommen. Jozos australischer Cousin zuckt mit den Schultern, so sind sie nun mal, die Kroaten: Immer sollen es die anderen gewesen sein. Dabei erkennen Sie einen waschechten Kroaten vor allem daran, dass er ständig behauptet, die Kroaten seien selbst an allem schuld.

The Garden ist ein kleiner Fleck, auf der die, die in den Sechzigern Hippies geworden wären, heute als Soft-Electros auf den Liegestühlen liegen. Es ist ein make-love not-work-Ort, der auf die horizontalen Kräfte im Menschen baut. The Garden ist auf einer Stadtmauer zu finden, Ex-Musiker von UB 40 haben aus dieser Stadtmauer ein Gartenparadies für alle gebaut. Wer im Sommer The Garden betritt, steht da, als stünde er im Schlafzimmer eines Scheichs, viele kleine Liebesbetten sind hier aneinandergereiht, und auf jedem spricht, schmachtet oder küsst sich ein Paar. Vor diesen Paaren sind alte Kinosessel aufgestellt, den Kinosesselsitzern ist jedoch nur die Aussicht aufs Meer gegönnt – mit Liebespaargesprächsfetzen im Nacken.

Ich verbringe meine Nächte in Zadar lieber in Cafés, in denen die Leute in Stühlen sitzen, Passanten beobachten und nicht im anderen versinken. Jede Nacht gibt es Konzerte, auf fast allen Plätzen, es gibt den billigsten und besten Martini der Welt, mit Zuckerrand und Olive. Ich spaziere auch gerne ins ehemalige Arsenal, einem Veranstaltungsgelände, auf dem von Ausstellungen über Konzerte, Performancekunst und Lifestyle-Events bis zu historischen Darbietungen eine Menge geboten ist, und bewundere, was ein 50 000-Seelen-Ort alles auf die Beine stellen kann.

Alfred Hitchcock und der schönste Sonnenuntergang der Welt

Sie werden sich vielleicht wundern, wenn plötzlich, direkt an der Meerespromenade, neben den vielen Schildern über die Geschichte Zadars, ein lebensgroßer Alfred Hitchcock vor Ihnen steht. Ja, er war hier. The Hitch. Und das Bild, vor dem Sie stehen, das hat er in Zadar gemacht. Machen lassen. Er sieht Sie dabei so dermaßen von oben herab an, dass Sie ihn daraufhin vermutlich lieben werden, allein deshalb, weil die meisten Menschen es mögen, zu Berühmtheiten aufzusehen. Keine hundert Meter vom Hotel Zagreb, in dem er wohnte und das derzeit leider nicht in Betrieb ist, steht dieses Bild. Und als könnte man es nicht selbst sehen, wenn man den Kopf vom schwarz-weißen Hitch abwendet, steht hier plötzlich das, was jeder, der abends aufs Meer blickt, auch selbst sieht:
»Zadar has the most beautiful sunset in the world, more beautiful than the one in Key West, Florida, applauded at every evening.«

Alfred Hitchcock, Mai 1964
Hotel Zagreb, Zimmer 204

Nichts lieben Kroaten mehr als das: Weltmänner, die noch nichts Schöneres sahen als dieses Land. Wäre Meštrović noch am Leben, bekäme Hitchcock hier sicher seine eigene Büste.

Camp kučice

Deutsche Urlauber sind in Kroatien oft Camper. Fährt man die Küste ab, reihen sich die Campingplätze aneinander wie die Perlen an einem Rosenkranz: Wenig Raum dazwischen gibt es und kaum ein Entkommen. Die Campingplätze sind überall. Es gibt Retro-Campingplätze, das sind jene, die nie renoviert wurden, es gibt modern ausgestattete, da kann man beinahe schon ins Hotel, und es gibt solche, auf die können Sie mit Ihrem eigenen Campingwagen einfahren und ihn zwei Wochen lang ruhen lassen. Sie alle haben eines gemeinsam: Man fällt aus dem Campingwagen oder Zelt fast ins Meer, so nah an die Küste sind sie gebaut. Und wenn die Eltern meiner deutschen Freunde mir mal nicht vom *autoput* vorschwärmen, dann holen sie zu ihren Campingstorys aus. Sie übersehen dabei gerne, dass ich als JugoŠvabin aus Dalmatien weder über den *autoput* gefahren bin noch je zelten musste, weil ich immer in das Haus meiner Eltern gefahren bin. Ich habe mir die Geschichten vom Campingplatz natürlich trotzdem angehört, ich glaube, ich habe sie als Interesse an meinem Herkunftsland gedeutet, heute würde man sagen, als interkulturelle Kommunikation. Was auch immer, es schien mir gut gemeint.

Meine Erfahrungen mit Zeltplätzen sind daher wirklich bescheiden. Ich kann Ihnen nur sagen, dass Sie beim Autofahren nach Süden nur den Kopf nach rechts drehen müssen, und Sie entdecken alle drei Kilometer ein hübsches Schild mit diesen Dreiecken mit Hut, die Zelte darstellen sollen. Meine Familie, meine Großfamilie, die noch in Kroatien lebt, meine ich jetzt, die zeltet naturgemäß ebenso wenig wie ich. Nur manchmal, ein- bis zweimal im Sommer, packt sie ein mir nicht nachvollziehbares Bedürfnis nach Zeltplätzen. Dann verstauen sie in ihrem Familienwagen Strandgerümpel für einen ganzen Tag und machen sich auf zu einem Campingplatz in der Nähe von Šibenik. Diesen Campingplatz hat inzwischen ein Ungar gekauft, und so, für diesen einen Tag, liebt es meine Familie, sich unter gewöhnliche Touristen zu schmuggeln. Sie behaupten zwar immer, der Zeltplatz liege an einer besonders schönen, besonders sauberen Meeresbucht, doch das eine Mal, als sie mich mitnahmen, habe ich das als glatte Lüge entlarvt. Das Lügen, vor allem das glatte Lügen, ist bei uns ein Volkssport, der dem Zweck dient, das eigentliche Interesse hinter einer Handlung zu verbergen. So rätseln manche Familien tagelang über den wahren Sinn hinter der Handlung eines Familienmitglieds, weil jedes direkte Nachfragen in einer glatten Lüge enden würde. Die Liebe zu dieser Bucht kann es also nicht sein, weil meine Familie ein Boot hat und genau das immer gemieden hat: die Wäsche vor den Campingwägen, dieses kuschelige Nebeneinander von Fremden und die Massenduschen für den einen ganzen Campingplatz. Ich traute dem Spiel nicht, meine Familie schimpfte mich Spielverderberin, aber wie bitte sollte ich nicht dieses Spiel zu verderben versuchen? Wenn ich doch immer so stolz war, nicht als Touristin durch dieses

Land zu ziehen und nun inmitten dieses Campingplatzes lag, auf dem die Touristen zwei Wochen ihres Jahres verbrachten, ohne etwas mehr vom Land zu sehen. Es gab zwar ein kleines Restaurant, aber kein Mensch aß darin, weil ja der eigene Grill vor dem Campingwagen stand. Ich fühlte mich in die Schrebergärten Schwabens zurückversetzt, oder noch schlimmer: zurück auf einen riesigen Campingplatz an der ligurischen Küste in der Nähe von Albenga. Gegen das italienische Campingghetto, bei dem ein dunkles Holzhäuschen aus dem nächsten herauswuchs, war das hier natürlich der reinste Rosengarten. Meine Familie fragt trotzdem jedes Jahr, ob ich nicht mit auf diesen Campingplatz möchte, weil Deutsche ja so gerne campen, und ich weiß nicht, ob es mich mehr ärgert, dass sie mich in diesen Momenten als Deutsche sehen oder als Camperin.

Ich habe auch längst die glatte Lüge durchschaut und herausgefunden, warum sie wirklich auf diesen Campingplatz wollen: Die Eigenheiten der Touristen lassen sie sich einfach wie eine Privatkomödie vorführen. Natürlich, Einheimische fahren an Strände, von denen nur Einheimische wissen. Oder sie fahren mit dem Boot in leere Buchten, die sonst kaum einer kennt. In jedem Fall meiden sie die Touristen, von denen den Sommer über alle sprechen, wenn sie nicht selbst im Tourismus arbeiten. So ist dieser Besuch am Campingplatz die einzige Chance, den ganzen Sommer mitreden zu können.

Ja, wir haben es gesehen: Die Tschechen kommen tatsächlich mit ihren eigenen Konservendosen im Kofferraum an. Da wird dann schamlos über den Gartenzaun der kamp kučice (Campinghäuser) gespannt, um sich davon zu überzeugen, dass die Tschechen wirklich nicht angeln, sondern die Sardinen aus der Dose ziehen. Wenn dann in den nächsten großen Tischgesprächen von den guten und schlechten Touristen gesprochen wird, gehören die Tschechen natürlich zu den schlechten, denn sie lassen das Geld nicht im Land. Im Gegenteil, sie nutzen das Meer und die Natur, aber tragen nichts, aber auch gar nichts zum Wohlstand der Nation bei. Die Italiener gelten gemeinhin als gute Touristen, obwohl sie schwierig sind, weil sie alles genau so haben wollen, wie sie es wollen, was für die Kroaten deshalb die Hölle ist, weil sie es ja schon nur so wollen, wie sie es wollen. Italiener campen selten. Italiener kommen an die kroatische Küste und geben jeden Abend hundert Euro für Essen aus. Manchmal pro Person. So ist also der gute Tourist. Der deutsche Tourist gilt als pflegeleicht, freundlich und zuvorkommend, hält sich an jedwede Vereinbarung, aber … Meine Schwaben würden dieses »aber« so formulieren: Er schwätzt halt nix.

Meine Familie beobachtet also insgeheim das Touristenleben am Campingplatz. Als wir das erste und einzige Mal gemeinsam da waren, campte gerade eine vierköpfige deutsche Familie auf dem Platz neben uns. Wäre dies die deutsche Durchschnittsfamilie, wäre es im deutschen Buchhandel sicher nie zu einer Krise gekommen. Den ganzen Tag, das heißt von zehn Uhr morgens, als wir an diesem Platz angekommen waren, bis acht Uhr abends, lasen sie in ihren Büchern. Jeder in seinem. Mein Cousin beobachtete diese Familie wie ein Soziologe. Er, braun gebrannt, lag entspannt auf seinem Badetuch und spielte abwechselnd mit seiner roten Unterhose und einem Grashalm im Mund.

»Siehst du«, sagt er, »deine Deutschen machen das immer. Jedes Mal, wenn ich eine deutsche Familie am Meer sehe, lesen sie. Machen die denn keinen Urlaub?«

»Natürlich machen die Urlaub«, entgegne ich, »und eben deshalb haben sie Zeit zu lesen.«

»Aber ich fahre doch nicht mit meiner Familie in den Urlaub, um dann jeder für sich ein Buch zu lesen? Haben die sich alle nichts zu sagen?«

Ich wollte an dieser Stelle zu einem Exkurs über das Buch im Leben der Deutschen ausholen, doch dann warf ich einen Blick auf die Lektüre, die ich gleich verteidigen würde: Es waren Schinken. Dicke Kriminalschinken mit noch dickeren blutroten Buchstaben auf dem Cover. In den Händen von Sohn und Vater je ein Kriminalschinken und Liebesschinken bei Mutter und Tochter. Hm, dieses Lesen hatte wenig mit dem Lesen zu tun, das ich gleich zur Verteidigung herangezogen hätte. Ich sagte also nichts und beobachtete diese Familie, wie sie den ganzen Tag über aneinander vorbeilas. Beim Mittagessen legten sie die Bücher kurz weg, um wortlos zu kochen. Ins Meer gingen sie ohnehin kaum, und überhaupt hielten sie sich nur im Schatten auf, weil das gut gegen Hautkrebs ist, vermute ich. Mein Cousin ließ sie nicht aus den Augen. Er kommentierte sie, fing an, dem Vater, der Mutter, den Kindern Gedanken in den Mund zu legen. Wir lachten. Meine Cousine deckte das Meerespicknick auf, während mein Cousin noch immer die Gedanken zur Lesefamilie am Campingplatz artikulierte. Der Sohn meines Cousins lachte, ich lachte, die kleine Tochter verstand zwar noch nichts, aber lachte mit. Ich warf einen Blick auf »meine deutsche Familie«, wie mein Cousin sie nannte, und wusste, warum die Familie in Deutschland so ganz anders ist als hier. Auf diesem Campingplatz, auf 200 Quadratmetern, lag der ganze Unterschied offen. Die einen lesen nebeneinander, die anderen reden miteinander. Ich hatte es noch nie so gesehen, ich weiß auch, dass Sie, lieber Leser, diese Lesart Ihres Lieblingshobbys wenig schmeichelhaft finden werden. Wenn Sie jetzt, während Sie das hier lesen, irgendwo eine Familie lachen hören, dann könnten Sie gemeint sein, Sie mit ebendieser Gebrauchsanweisung in der Hand.

Sehen Sie, das ist einer der Gründe, weshalb ich nicht mehr gerne auf Campingplätze gehe. Der andere ist meine einschlägige Erfahrung. Meine Campingerfahrung in Kroatien beschränkt sich auf eine einzige Nacht. Und bei der darf es bleiben. Das war in einem Sommer, in dem es – mal wieder – sechs Monate lang nicht geregnet hatte. Das Land ächzte unter der Hitze, und die Hotels waren bis aufs Letzte voll. Ich machte mich mit einer Freundin auf Richtung Dubrovnik, und wir dachten, für den Fall, dass sich kein Hotel finden lässt, haben wir ein Zelt mit. Ach ja, das Zelt: Das Zelt hatte mein Bruder in der Wohnung gelassen. Dieses verfluchte Zelt. Wir packten es als Notlösung in den Kofferraum und zogen los. Ich war mir sicher, es nicht nutzen zu müssen, und was geschah: Alle Apartments, alle Hotels waren ausgebucht. Das hieß also: Ausschau halten nach Schildern und Dreiecken am Straßenrand und schließlich: Willkommen auf dem Campingplatz. Man muss trotzdem noch einmal dazusagen: Die Campingplätze in Kroatien liegen ausgesprochen schön. Nah am Meer, unter Kiefern, die Grillen zirpen die ganze Nacht. Laut, es sind richtige Grillenkonzerte, unter denen man schläft. Nun gut, dachte ich, man erzählt mir immer von diesen wunderbaren Zeltplätzen in Kroatien, warum sollte nicht auch ich einmal eine Nacht im Zelt verbringen? Warum eigentlich nicht? Das erzähle ich Ihnen gleich.

Meine Mutter sagt immer, wenn einer für etwas nicht geschaffen ist, dann soll er es auch nicht tun. Das klingt in Ihren Ohren fatalistisch? Na, dann lesen Sie mal, wie mir die Nacht dieses Zelt um die Ohren schlug: Zunächst bekamen wir einen beeindruckenden Zeltplatz zugeteilt. Sobald man aus dem Einstiegsdreieck kletterte, hatte man den schönsten Blick aufs Meer. Man hörte sogar das Rauschen der Wellen, und nachdem wir mühsam das Zelt im Boden befestigt hatten, fragte ich mich, was ich nur immer dagegen hatte, gegen dieses Zelten. Es war schön. Wunderschön. So einfach. So günstig. So nah am Boden, unter den Bäumen, die Nase fast im Meer. Glückstaumel. Bis die Nacht einbrach. Denn nachts stellte sich heraus: Das kleine weiße Ufo, das wir tagsüber nicht hatten einordnen können, wurde nachts als Dorfdisco genutzt. In unserer unmittelbaren Nähe hämmerte es uns die kroatischen Schlagercharts ins Ohr, im Wechsel mit Touristenspaßmusik. Meine Freundin und ich sahen uns kurz an, gingen zur Pforte, besprachen mit dem Pförtner, dass wir das Zelt umbauen dürften in eine andere Ecke, nah am Eingang. Der Mann fragte uns, ob wir uns nicht nachmittags schon gewundert hätten, dass der beste Platz auf dem Gelände noch frei war. Ich giftete zurück: Nein, wir haben uns nicht gewundert, wir haben uns deswegen bei Ihnen eingemietet.

Sie können so schadenfroh sein, meine Landsleute, nichts lieben sie mehr, als einem unter die Nase zu reiben, dass man es hätte besser wissen müssen und können. Jedes Signal, an dem das Elend, das einen eingeholt hat, abzulesen gewesen wäre, reiben sie dir gehässig unter die Nase. Ich kannte das, aber provozieren ließ ich mich trotzdem. Von dem neuen Platz aus war kein Meer in Sicht, aber auch die Musik war nicht zu hören, was dieses Mal Priorität hatte, und so zuckten wir mit den Schultern und sagten Ja. So schwer wird es nicht sein, diese Riesennägel wieder aus der Erde zu holen, dachte ich. Es war auch nicht schwer, sie aus der Erde zu kriegen. Der Mann an der Pforte half uns natürlich nicht, obwohl wir zwei Frauen waren. Ich weiß, das klingt gestrig, aber normalerweise wird einer Frau in solchen Situationen geholfen, nur auf diesem Campingplatz, da war dieser müde Schadenfrohe an der Pforte der einzige Mann weit und breit, die andern hüpften wahrscheinlich in diesem weißen Ufo herum und hatten irgendeine Abart von Spaß.

Ich erzähle das alles nur, weil es meine einzige Nacht ist, in der ich in Kroatien je gezeltet habe. Und wissen Sie, wie die Geschichte weiterging? Ich fürchte, Sie wissen es.

Gerade als wir unser Zelt an den neuen Platz gezogen hatten, wir hatten es noch nicht einmal wieder befestigt, da fiel er, der sechs Monate lang ersehnte Regen. Der erste Regen, der nach diesen Trockenzeiten fällt, ist zugegebenermaßen der schönste Regen, den ich kenne. Es ist wie Durst löschen, wenn man lange nichts getrunken hat, wie ankommen, nachdem man stundenlang planlos umhergeirrt ist. Doch vor allen Dingen ist er unbeschreiblich warm, weich und heftig. Dieser Regen prasselt auf die Erde ein, als wüsste er um seine Schuldigkeit, seine Abwesenheit. Die trockene Erde. An diesem Campingplatz war sie rot und rissig. Fast Wüstenerde. Kaum eine Minute brauchte es, bis wir komplett durchnässt vor dem Zelt standen, das noch immer nicht im Boden festgemacht war. Wir suchten nach Steinen, um diese großen Nägel in den Boden zu schlagen, durch die man dann mit einer Schnur Schlaufen zieht. Sie sehen, ich habe nicht den geringsten Schimmer vom Zelten, aber daran lag es nicht, dass wir diese großen Nägel nicht richtig in die Erde bekamen: Der Regen durchweichte in kürzester Zeit die rissige Erde, es gab kaum festen Grund, in dem wir das Zelt hätten festmachen können. Hilflos blickten wir zu dem Mann an der Pforte, der nur mit den Achseln zuckte. Ich ging gar nicht erst zu ihm, um mir anzuhören: Die Erde braucht den Regen, Gott sei Dank fällt er. Was ist schon euer kleines Touristinnenschicksal gegen den Segen, den dieser Regen über unsere trockene Erde bringt. Ja, so reden sie manchmal dort unten. Sie sind näher an den Elementen. Es ist nicht gut oder schlecht oder nervig, das Wetter, nein, es ist existenziell. So, unter diesem existenziellen Regen, lag ich diese Nacht wach, das Zelt etwa zehn Zentimeter über der Nase. Alle fünf Minuten musste ich einmal mit der Hand gegen die Mulde drücken, damit das Wasser zu den Seiten abfloss. Meine Freundin und ich schliefen keine Sekunde, aber wir haben diese ganze Nacht unter dem gesegneten Regen gelacht. Nur zelten, das wollte ich trotzdem nicht wieder. Wenn man mir sagt: Aber es hat schon seit fünf Monaten nicht mehr geregnet hier, antworte ich: Ja, genau deshalb.

Ništa kontra Splita – nichts gegen Split

Was kann ich Ihnen über eine Stadt erzählen, deren inoffizielle Hymne *Ništa kontra Splita* heißt. Es ist der einfachste Song, den Sie gehört haben, melodiös wie sonst nur Stadionlieder verkündet er: *Ti moš govorit' kontra mene i kontra cilog svita, ma neću da čujem ništa, ništa kontra Splita.* Das heißt so viel wie: Du kannst gegen mich anreden, gegen die ganze Welt, aber ich will kein schlechtes Wort, kein einziges schlechtes Wort gegen Split hören. Das nicht.

Ja, da sind wir nun. In der Stadt ohne Widerworte. Sie ist zufällig die Stadt geworden, in der ich zu Hause bin. Wie eingangs verraten, meine Eltern stammen aus einem winzigen 600-Seelen-Dorf hinter der Felskette. Aber angekommen bin ich hier, in dieser umstrittenen Stadt am Meer, die nicht gegen sich anreden lassen will.

Sie ist schön. Ja, das ist sie. Weltkulturerbe, weißer Marmor, ein großer Hafen, der Berg Marjan, die grüne Lunge der Stadt. Natürlich ist Split zu groß, um ein mediterraner Urlaubstraum zu sein. Sie hat ihre Hafenecken, ihre Märkte, auf denen in den Morgenstunden die Vergessenen der Stadt ihre Salatblätter vom Boden heben und in Zeitungspapier verstecken, um sie mit nach Hause zu nehmen. Sie hat, wie jede größere Hafenstadt, ihre Hochhausviertel und Unterführungen, die man bei Dunkelheit meidet.

Doch dann wieder liegt sie da, auf dieser Halbinsel vor dem Meer, unterhalb der Bergmassive – Mosor, Kozjak und Perun. Wenn die Sonne untergeht, tunkt sie die graue Gebirgskette in ihr kitschigstes Abendlicht. Es heißt immer, die ganze Menschheit sei in Bewegung, doch hier, obwohl einer der schönsten Flecken der Welt, scheint das Einwandern nicht angekommen zu sein. Fast hundert Prozent der Bewohner sind Kroaten, und der Rest sind nationale Minderheiten. Eine seltsam homogene Welt, die man kaum mehr kennt in Zeiten der Globalisierung. Die größte Wanderung, die es in den letzten Jahren hier gab, war die nach dem Bürgerkrieg, da zogen viele Dalmatiner aus dem Hinterland nach Split. Böse Zungen behaupten, das sei das eigentliche Ende der Stadt gewesen. Die Bauern vom Land kamen und wurden eine ärmere Version der deutschen Neureichen, eröffneten Tante-Emma-Läden, Kinderläden, Imbisse, Autowerkstätten und übernahmen die Bäckereien, die sich mehr mit Aufbacken als Backen befassten. Ich behaupte, eine echte Stadt behauptet sich. Wann auch immer.

In Split baute sich Kaiser Diokletian seinen Alterssitz, der heute als Altstadt der Stadt Split den Titel Weltkulturerbe der UNESCO trägt. Diokletian passt wie die Faust aufs Auge in diese Gegend, war er doch der einzige römische Kaiser, der freiwillig aus dem Amt schied. Denn glauben Sie mir, Sie werden in Split kaum einen Einwohner treffen, der nicht darüber brütet, wie er aus dem Amt scheiden und sich eine pompöse Altersresidenz bauen kann. Das scheint in gewisser Weise das geografische Gen zu sein, das seit den Tagen Diokletians weitergegeben wurde.

Sie werden ohnehin – und das nicht zu Unrecht – den Eindruck gewinnen, hier sei jeder mit jedem verwandt. Sagen wir, Sie haben eine Autopanne und begehen nicht den Fehler, eine Autowerkstatt anzurufen, sondern tun, was in Dalmatien zu tun ist: Sie sprechen den nächsten Dalmatiner, der Ihnen über den Weg läuft, an. Sie sollten dafür Sorge tragen, keinen Touristen damit zu behelligen, der weiß vermutlich genauso wenig wie Sie Bescheid und ruft gleich bei der Pannenhilfe an. Am besten ist es, Sie rufen in Kroatien niemanden an, sondern zerren den nächsten Passanten, der an Ihnen vorbeikommt, zu Ihrem Problem. Sie können sich sicher sein, der Kroate, den Sie da an der Hand haben, wird seinerseits einen Verwandten an der Hand haben, der Reifen wechseln kann, oder einen Cousin, der einen Cousin hat, der Reifen wechseln kann, oder …

Es wird Ihnen nicht passieren, dass in einer Familie von Arzt über Anwalt bis zum Automechaniker nicht mindestens einer zu finden ist, der Ihr Problem löst. Und wenn er schon nicht gebürtig zur Familie gehört, wird man Ihnen einen Paten auftreiben, die dalmatinischen Familien sind voll von Paten: Traupaten, Taufpaten, Erstkommunionspaten, Firmungspaten, Verlobungspaten, es ist das Land der Paten. Jedes Wochenende wird ganz Split neu verpatet, am Ende gibt es keine Familie, die nicht mit der anderen verpatet ist. Und Paten, auf Kroatisch *kum,* sind die Brüder, die wir nicht hatten, die Verwandten, die wir noch brauchten, und unsere Retter in der Not. Sie dürfen sich also nicht wundern, wenn jeder dritte Dalmatiner den anderen mit *kum* oder eben im Vokativ mit *kume!* anredet. Sie heißen nicht so, sie erinnern sich nur daran, dass sie einander Paten sind. So können Sie in aller Gelassenheit Ihren Pannen und Notlagen entgegensehen. Pannenhilfe, das Rote Kreuz, das brauchen Sie vielleicht im Norden, hier sind Sie gefangen im Netz der Familie, im Notfall näht Ihnen einer mit seiner Stricknadel die Platzwunde zu. Hauptsache, es blutet nicht.

Das ist Dalmatien, vergessen Sie es nicht. Das Land der gepunkteten Hunde. Nichts ist unmöglich.

JADROLINIJA

Es heißt immer, die Dorade sei die Königin der Meere, doch hier in Split, wenn ich am Hafen sitze und diese großen weißen Fähren, die von Split aus die meisten Inseln und Städte Dalmatiens ansteuern, ein- und ausfahren sehe, denke ich immer wieder, es ist die JADROLINIJA. Sie sehen es schon, ich liebe es, wenn die Buchstaben so geschrieben werden wie auf den Schiffen, dick und groß.

Es gibt natürlich Geschichten wie die von der 2008 für knappe 18 Millionen Euro in Griechenland erworbenen Fähre *Korčula,* die sogleich mit Stromausfällen zu kämpfen hatte, Geschichten von von einer Fähre auf die andere verfrachteten Touristen, viele Seedramen, wenige Verantwortliche, all das.

Von mir werden Sie solche Geschichten aber nicht hören. Ich liebe diese großen weißen Kolosse, in deren Bäuchen es sich die kleinen bunten Autos bequem machen wie der biblische Jonas in seinem Wal. Schon vom Kauf der Tickets bin ich wie betrunken: Es ist wie in einer Bank, die Damen und Herren von der JADROLINIJA sitzen hinter Glas und verkaufen einem die billigsten Fährtickets der europäischen Welt mit einer Ernsthaftigkeit, mit der andere Beglaubigungen beim Notar aushändigen. Die Tickets sind dünne Blättchen zum Abreißen mit allen Fährdaten. Kommen Sie bloß nicht auf die Idee, den Abfahrtszeiten zu glauben, hier kommuniziert niemand mit niemandem; wenn etwas nicht nach Plan läuft, kriegt der Betroffene es mit, indem es ihn trifft. Zum Beispiel könnte es gut passieren, dass Ihnen die seriös-freundliche Dame hinter Glas überzeugend sagt, die Fähre, die Sie da draußen sehen, sei die Ihre und fahre erst in zwanzig Minuten ab. Wenn Sie sich daraufhin zunächst einmal in dem klimatisierten Großraum niederlassen, statt zu Ihrer Fähre zu gehen, kann es gut sein, dass Sie dieser Fähre zum Abschied winken. Niemand weiß hier auf die Minute Bescheid, wer wo abfahren wird. Aber es ist besser geworden. Oder schlechter, wie man es nimmt. Denn seit es besser wird, beschweren sich die Leute eher, wenn es schlecht läuft.

Die Herren, die das Ticket abreißen, sind streng und lässig zugleich. Sie nehmen diese dünnen Blätter in die Hand, tun so, als würden sie einen Blick auf das Datum werfen, reißen das untere Ende ab und geben es dir zurück, als wäre es dein Pass. Auf diese Fähre zu steigen ist manchmal, als stünde man an einem Grenzübergang und ein anderes Mal, als wäre es Nobody's Business. Immer wieder ist es beides gleichzeitig.

Einmal, auf der Rückfahrt von Brač nach Split, wagte ich zu fragen, ob diese Fähre auch wirklich nach Split führe. Schallendes Gelächter. Wohin denn sonst, Kleine, nach New York? Es sind Menschen, die Tag um Tag das Gleiche tun, jede Frage über die Routine, die ihr Leben beherrscht, kommt ihnen vor wie die reinste Blödsinnigkeit. Über dieses Fleckchen Erde wissen sie alles, fast alles. Sie wissen nicht, wann die *bura* über die Meere kommt und ihre Schiffe schreckt. Keine Sorge, Sie können sich zurücklehnen, Sie sind im Land der Verwandten und Paten – und doch, dieser Wind, die *bura*, packt ihre Sachen von einer Stunde auf die andere und bringt sogar diese Königinnen der Meere ins Wanken. Die *bura* ist ein eiskalter Fallwind, die Deutschen sagen Bora zu ihr, ich kann das nicht. *Čuvaj, bura puše* war mir ebenso ein Kindheitssatz wie *Ne čujem te, bura puše.* Gib acht, die *bura* bläst. Oder: Ich kann dich nicht hören, die *bura* bläst. In Deutschland blasen die Winde. In Kroatien pusten sie. So ist die *bura* wie jene Kinderbuchbilder, in denen die Wolken einmal tief Luft holen, die Backen aufplustern und dann mit aller Wucht übers Land – pusten. Sie wirbeln Staub auf, der einem die Augen reizt. Sausen um die Ohren, verstören die Sinne. Die *bura* gehört zu den stärksten Winden der Welt (das ist kein kroatischer Superlativ, sondern ein echter). Manche Böen kommen auf bis zu 200 Stundenkilometer, es gibt Tage, da stehen die weißen Königinnen der JADROLINIJA brav am Hafen, und selbst die Autos bleiben vor dem Haus. Im Sommer, wenn die zahllosen Waldbrände die schmale Felsenküste heimsuchen und Feuerlöschflugzeuge, genannt *kanaderi*, im Meer auftanken, um die Brände zu löschen, betet halb Kroatien darum, die *bura* nicht aus ihrem Schlaf zu wecken. *Bura* stammt ab vom griechischen *Boreas,* dem Gott der Nordwinde. Sie fällt von den Felsenketten ab, den Gebirgen, die das Hinterland schützen. In Dalmatien heißt es: Auf dem Dinara-Gebirge wird sie geboren, getauft wird sie in Makarska, und in Senj heiratet sie. In Istrien sagen sie: Die *bura* kommt in Senj auf die Welt, herrscht in Rijeka und stirbt in Triest. Die Dinara ist übrigens das Gebirge, das den Ausdruck *Dinarischer Stolz* prägte. Ich weiß nicht, ob es den Ausdruck wirklich gibt, ich habe ihn von meinem ersten Verleger, Siegfried Unseld, gehört. Und das aus zweiter Hand. Ob er es wirklich gesagt hat? Ich weiß es nicht, ich dachte nur, dieser Verleger weiß etwas über diese Seite der Welt. Die Menschen hier sind so stolz und erhaben wie ihre Berge, so sehr, dass manchmal die Winde es übernehmen müssen, die sturen Köpfe zu lüften, heißt es. Oder habe ich das jetzt erfunden? Die *bura* klärt den Kopf. Danach ist die Luft rein. Innen wie außen. Karl Marx schrieb über die *bura* und ihre Wirkung auf die Dalmatiner:

> *»Die Bora, der große Störenfried dieses Meeres, erhebt sich stets ohne das kleinste Warnungszeichen; mit der Gewalt eines Tornados überfällt sie die Seeleute und gestattet nur dem Kühnsten, auf Deck zu bleiben. Manchmal tobt sie wochenlang und am heftigsten zwischen der Bucht von Cattaro und dem Südende von Istrien. Der Dalmatiner ist von Kindheit an gewöhnt, ihr zu trotzen, er wird hart unter ihrem Atem und verachtet die armseligen Winde anderer Meere.«*

Genauso ist er. Der Dalmatiner. Und dieser Wind. Die kahlen Inseln im nördlicheren Teil Kroatiens sollen nicht kahl sein, weil die Kroaten sie einem Kahlschlag unterzogen haben, sondern weil diese Winde den Bäumen keine Ruhe ließen. Auch die salzigen Böden sind der *bura* zuzuschreiben.

Wir haben noch einen zweiten Fallwind, den Föhn. Die Dialektik, Sie wissen schon, wir haben hier alles und von allem auch das Gegenteil. In Kroatien nennt man den Föhn nicht Föhn, sondern *jugo*, vielleicht, weil er Kopfweh macht. Man kennt den *jugo* besser als *scirocco,* ein Wind, der von der Sahara ans Mittelmeer weht. *Jugo* ist einfach der Südwind, so wie der *Jugoslawe* der Südslawe ist. Wir hatten früher »auf dem Balkan« noch einen *yugo*, den *Zastava Yugo*, das war der serbische Trabi, und der wäre bei der ersten Gelegenheit von der *bura* davongeweht worden.

Die Fischer und Seefahrer leben mit der *bura*. Auch im Hinterland sind die Türen zu, *kad bura puše,* wenn die *bura* pustet.

Ich habe Sie noch nicht durch Nin gelotst, es ist für so viele kleine Schätze nicht einmal in einer dicken Gebrauchsanweisung Platz. Und wenn Platz ist, muss man sich gut überlegen, wo. Nin ist eine Lagune in der Nähe von Zadar, eine künstlich geschaffene Insel, über zwei Inseln mit dem Festland verbunden. Dort gibt es im kleinen Museum dieses kleinen Ortes eine Ausstellung über das Leben der Fischer mit den Fischen, Booten, Fischernetzen und der *bura*. Nin, das lasse ich auch deshalb so spät und erst in der Nähe von Split fallen, weil es die Stadt ist, in der ein gewisser Bischof namens Gregor im zehnten Jahrhundert einer der berühmtesten Kirchenpolitiker Dalmatiens war. In Split steht eine überdimensionale Statue des *Grgur Ninski* am Eingang in den Diokletianspalast. Dort können Sie an seinem dicken großen Zeh einmal reiben, er ist golden von der vielen warmen Menschenhaut an der Stelle, an der alle ihr Glück suchen. Einen Wunsch haben Sie frei, nachdem Sie den Zeh berührt haben. Es wäre nicht das Dümmste, sich zu wünschen, dass Sie die *bura* nie hinterrücks und auf dem offenen Meer erwischt. Da das sogar die Königinnen der Meere ins Wanken bringt – wie nicht auch Sie?

Samoča – die Einsamkeit der Inseln

Ja, ich weiß. Sie kennen die Inseln als Touristenattraktionen. Hvar ist *Destination of The Year,* Jahr um Jahr. Auf Brač finden Sie das goldene Horn, ganz in der Nähe des Ortes Bol, den viele für den schönsten Strand des Landes halten, und es heißt, die Inselspitze richte sich nach den Winden. Brač ist auch die Insel des weißen Marmors, aus dem das Weiße Haus in Washington gebaut ist.

Ja, die Inseln, diese 1185 Inseln, sind die eigentliche Besonderheit dieses kleinen Landes, nicht nur, weil sie es schaffen, im Sommer Unmengen von Touristen auf kleinstem Raum unterzubringen, sondern weil sie in dieser kleinen Einheit Kroatien noch kleinere Einheiten voller Eigenheiten und Geheimnisse verstecken. Wie russische Babuschkas, die kleinen Holzpuppen, aus denen immer eine noch kleinere und noch kleinere und noch kleinere hervorkommt, eine immer fast wie die andere, aber eben nur fast. Daher ist das mit den tausend Regionen auch nur eine halbe Übertreibung. Jede Insel ist eine Region. Und die Insulaner sind ein Völkchen für sich, wandeln das Kroatische, oder eben Dalmatinische, noch einmal in eigene Dialekte ab. So heißt zum Beispiel die *baba* auf den Inseln *nona*, aber Baba Jaga bleibt Baba Jaga und wird nicht Nona Jaga. Kaum eine Insel, die nicht ihre eigene Trutzburg hätte, ihre eigene Altstadt, ihre eigene Sprache, Musik und Spezialität. Im Sommer sind die Inseln Refugien für Massen. Das mag paradox klingen, aber die Massen von Touristen, die nebeneinanderliegen, eint das Gefühl, sie seien hier fernab der zivilisierten Welt. Diese merkwürdigen Inseln haben diese Kraft, den Besuchern, und wenn es noch so viele sind, das Gefühl zu geben, von ihnen entdeckt worden zu sein. So gehen die Touristen auf den Inseln über die Wege, als wären sie allein, den ganzen Tag in Badehosen und Flipflops, das ganze kleine Inselstädtchen ihr Paradies. Sie kaufen an den Touristenstränden Accessoires und tun, was Touristen gerne tun: daliegen, lesen, manchmal ein altes Kloster besichtigen. In Kroatien wimmelt es nur so von Franziskanerklöstern.

Die Inseln behaupten das zu sein, was das mediterrane Leben früher einmal war. Erinnern Sie diesen Spruch noch? Vis, zum Beispiel, eine Insel vor Split, siebzehn Kilometer lang und acht Kilometer breit, die Insel, die am weitesten vom dalmatinischen Festland entfernt ist. Hier, behauptet man, sei das Leben gesund, man altere mit den Elementen, gliedere den Tag nach der Sonne. Einige Prominente ziehen inzwischen auf die Insel und feiern ihre Rückkehr zur Ursprünglichkeit, ein Leben, in dem nicht Politik und Medien den Alltag bestimmen, sondern dein Nachbar und die Gezeiten. Das klingt, als hätte man auf Vis nie etwas anderes getan, als den Köder nach dem Fisch auszuwerfen. Dabei war Vis über die letzten Jahrhunderte stets ein strategisch wichtiger Militärstützpunkt. In der Nähe von Komiža findet sich die Tito-Höhle, von wo aus vermutlich der Widerstand gegen die deutsche Besatzungsmacht organisiert wurde. Erst seit 1995 dürfen Touristen wieder auf die Insel. Doch die meisten kommen im Sommer. Der wahre Inselbewohner jedoch liebt die Insel vor allem dann, wenn der Tourist geht, wenn ihm das Gespräch mit dem offenen Meer bleibt, den Fischen und Weinbergen. Sie sind stolz darauf, die Inselbewohner, die Einsamkeit zu kennen, mit ihr zu können. *Tada kad odu turisti nastaje to sto je život na otoku: samoča,* sagte mir einer. Wenn die Touristen sich davonmachen, stellt sich das ein, was das Leben auf der Insel ausmacht: die Einsamkeit. Ich war schwer beeindruckt von dieser Klarheit. Und Ruhe. Und den kalten, klaren Monaten im Steinhaus am Meer. Ein paar Tage später las ich in der Zeitung: Von Vis aus gibt es jetzt einen Katamaran nach Split. In knapp über einer Stunde kommt man von der Insel in die Hafenstadt. Ein Insulaner sagte stolz: Wir können arbeiten wie die Städter und leben wie die Fischer. Ich schüttle den Kopf. Und die Einsamkeit? Die haben sie zwischendrin bestimmt auch. Notfalls auf dem Katamaran.

Die Feurigen und die Schmachtenden

Ein Dalmatiner zeichnet sich durch eine Eigenschaft besonders aus: die Hingabe. Sie steht groß hinter den Gesten, Gefühlen und alltäglichsten Aufgaben. Diese Hingabe kann und muss sich in jedem anders äußern und doch mit den anderen zusammenzubringen sein. Die Hingabe, *odanost*. Einen Dalmatiner erkennen Sie oftmals an dem »zu viel«, zu viel Gefühl, zu viel Freude, zu viel Meinung. Natürlich ist das nur die Wahrnehmung von außen. Der Dalmatiner selbst ist sich nicht zu viel, er ist genau richtig, sieht sich als Teil dieser Landschaft, die zwischen extremer Hitze und kühlen Fallwinden hin und her schwankt. Der Dalmatiner ist Dalmatien selbst, das wurde mir klar, als mein Lieblingscousin und seine Frau im deutschen Freudenstadt auf einer Hochzeit eingeladen waren. Die beiden saßen wild gestikulierend am Tisch, tanzten mit vollem Körpereinsatz und unterhielten sich aufs Lebhafteste, als wären sie mitten in Split, herausgeschnitten aus dem freudenstädtischen Ambiente.

Zwei Gruppen, wie sie unterschiedlicher nicht sein könnten, verkörpern in Dalmatien diese Hingabe: die Feurigen und die Schmachtenden. Die Feurigen, das sind die eingefleischten Fußballfans des Fußballclubs Hajduk Split. *Ajmo vatreni!* lautet der große Aufruf: Auf geht's, Feurige! Sie spielen mit bengalischem Feuer, und das schon seit den Fünfzigern, nennen sich Torcida, nach brasilianischem Vorbild, und pflastern die Stadt mit Torcida-Graffiti. Sie werden diese Graffiti in Ecken entdecken, an denen sie keiner erwartet, am Hafen, wo die Fähren ein- und ausfahren, um schon jene, die über das Meer kommen, mit den herrschenden Mächten der Stadt vertraut zu machen. Die Torcida hat um die 8000 Anhänger, die sich hörbar machen können, vor allem bei Spielen zwischen Dinamo Zagreb und Hajduk Split. Gegründet wurde die Torcida in Split von 113 in Zagreb studierenden Dalmatinern, sie taten, was heute nach jedem Spiel getan wird: ihre Mannschaft anfeuern, Banner in die Luft halten und nach einem Sieg hupend durch die Stadt fahren. Die Medien verurteilten dieses Verhalten in den Fünfzigern, hatten Angst, das laute Toben würde nationale Ressentiments schüren. Die Führung von Hajduk Split hingegen feuerte ihre Fans an – und so ging das hin und her. *Poljud,* das Stadion mit der sensationellen Lage in Split, brennt, wenn die Torcida die Hänge betritt. In ihren Anfängen orientierte sich die Torcida an der südländischen Fankultur, erstellte Banner und Choreografien, doch bald schon übernahm sie die nordeuropäischen, vornehmlich an England orientieren Schlachtrufe und mutierte zu dem Hooliganismus, der seit den Siebzigern die Fußballspiele überschattet. Es gab Spiele, bei denen das Militär eingreifen musste, und so manch gegnerischer Fanclub überlegte es sich zweimal, ob er nach Split fahren sollte. In den Achtzigern waren es die *nesvrstane,* die Unbeugsamen der Torcida, die alte Traditionen, die alte kroatische Flagge wieder aufleben ließen. Sie tätowierten sich ein N auf die Arme und kämpften gegen den Kommunismus, in dem sie den Unterdrücker der Kroaten sahen. Die Fußballfans von Hajduk Split wurden so unter Tito zum Staatsfeind. Beim letzten Saisonspiel gegen Partizan Belgrad wurden jugoslawische Fahnen verbrannt und das Spiel abgebrochen. Das letzte Spiel in Jugoslawien gewann Hajduk gegen Belgrad, des Jubels seiner Torcida-Anhänger sicher. Alen Bokšić schoss das 1:0. Dort war erstmals das kroatische rot-weiße Schachfeld wieder zu sehen, in diesem Stadion.

Die Hingabe, die Torcida-Fans auszeichnet, führte dazu, dass viele von ihnen 1991 an die Front zogen. In der Nordkurve, Eingang M, steht ein Denkmal für sie.

Während also die jugoslawische Regierung gegen die Torcida-Fans kämpfte, kämpfte die kroatische mit ihnen. Dass Fußball für Kroatien eine Schlüsselrolle spielt, ist weitgehend bekannt. Schon Tudjman machte während des Bürgerkrieges klar, wie eng der Ball und die Nation in diesem Land verbunden sind. Als das Team bei der WM 1998 den dritten Platz machte, empfing der Präsident sein Team mit dem Satz: »Fußballsiege sind nicht minder bedeutend als Kriege für eine Nation.«

Natürlich hat sich seither vieles getan, der Sport hat sich von der Politik emanzipiert, doch nach wie vor sind die Kroaten verrückt nach dem Ball und sehen in ihm eine Wiege für ihr Nationalgefühl. So darf man sich als Deutscher nicht wundern, wenn einem hier und dort, ganz unerwartet, von einem schadenfroh lächelnden Kroaten drei Finger ins Gesicht gehalten werden: Das war der Endstand 1998 beim WM-Spiel gegen Deutschland.

Auch die Spieler und Fans anderer Sportarten in Kroatien schreiben das Wort Hingabe groß. So spielte das Vier-Millionen-Völkchen Kroatien bei den Olympischen Spielen '92 auf den Fersen des US-amerikanischen Dreamteams. Auch Handball ist ein Nationalsport und allem voran Wasserball – der Handball der Meere. An keinem Strand fehlen sie, die geliebten *waterpolisti*, die Handballer der Meere. An fast jedem Strand stehen Wassertore für sie bereit.

Wenn Sie nicht zu jenen Feurigen gehören, die gerne mit Schals behängt und lautstark grölend die Straße überkreuzen, als hätten sie, solange sie nur laut genug grölen, das Vorfahrtsrecht, finden Sie sich vielleicht bei den Schmachtenden wieder. Die Dalmatiner schmachten, das ist für einen Außenstehenden nur schwer erträglich. Manche behaupten, ein Dalmatiner sei nicht an den Punkten wiederzuerkennen, sondern daran, dass er ständig singt. Dem kann ich kaum widersprechen. Sie singen und brechen sich die Zungen und Herzen dabei, als läge alles Verlorene jetzt und hier in dieser Melodie, die sie zwar regelmäßig vergeigen, aber das mit so viel Herzschmerz im Gesicht, dass es niemandem auffällt. Natürlich sind die Schmachtenden die harmlosere Variante; für viele hartgesottene Dalmatiner, die eher bei den Feurigen zu Hause sind, ist all das Schmachten keine Hingabe. Geringschätzig sagen sie: Die jaulen, als würden sie Kälber werfen, Musik ist das nicht.

Zugegeben, die Kroaten haben den Flamenco nicht erfunden, aber Stimmen, die dem Lebensschmerz schrill Ausdruck verleihen. So gab es im Hinterland früher *gange*, das ist kein Gesang, das ist ein lauter Schrei gegen den Wind, der eine Geschichte lang in die Welt gerufen werden muss, bis der Sänger Luft holt, die nächste Geschichte auspackt und die Umstehenden in das Geschrei einfallen. Es ist ein Ritual, in dem die Menschen im Hinterland sich versammelten und ihre Sehnsüchte in die Welt schrien. Sie weigerten sich, die katholische Kirche in Sachen Erotik zu befragen, sondern setzten sich vielmehr direkt mit den erotischen Reizen Gleichaltriger auseinander. Alles Dorfleben wurde in diesen Liedern kommentiert und belacht, Mädchen, die sich schön machten und in die Stadt fuhren, wurden von den *gange*-Sängern mit Spott bedacht. Die

Texte waren oft grob, voller – kaum mehr – zweideutiger Anspielungen und Fäkalsprache … Reimen musste es sich – übersetzen lässt es sich nicht, ohne bei Ihnen einen Kulturschock auszulösen. *Ojkanje*, eine ähnliche Art des polyphonen Singens in Dörfern, wurde inzwischen zum immateriellen Weltkulturerbe erklärt. Die meisten Kroaten lästern darüber, wie die volkstümlichen Traditionen nun aufgewertet werden, behaupten, es liege nur an den kleinen Vereinen, die sich nun mit aller Kraft der Pflege des aussterbenden Kulturguts verschrieben hätten … Sie sehen, Vereine haben in Kroatien, im Gegensatz zu Deutschland keinen leichten Stand. Doch bei der UNESCO kommen sie offensichtlich weit.

In den Städten sahen die Schmachter wieder anders aus. Es waren Herren in schwarzen Hosen, weißem Hemd und schwarzer Weste und einem roten Tuch um die Hüften. Einen Boom wie die Krawatten haben diese Tücher nicht ausgelöst, doch sind sie ein Markenzeichen der *klape*-Sänger geblieben. *Klapa* heißt einfach: eine Gruppe von Freunden. Sie sind mindestens so hingebungsvoll wie die *vatreni*, doch außer dieser Tatsache und der, dass auch sie den *poljud* mit ihren Konzerten füllen, verbindet sie wenig mit den Feurigen. Fast immer sind es die Männer und Jungen eines Ortes, die sich einmal in der Woche treffen und a capella miteinander singen. Es geht bei den Männerchören um die Harmonien, Melodien und Texte, der Rhythmus spielt keine große Rolle. Jede *klapa* sollte einen ersten und zweiten Tenor haben, einen Bariton und einen Bass. Meist haben sie sogar Doppelbesetzungen, weil vom Koch des Restaurants im Ort über den Pfarrer und Automechaniker bis zum Lehrer alle Männer mitmachen, bis sich die neun bis zehn besten herauskristallisieren, und die feilen gemeinsam an ihrer Gesangskunst. *Klape* sind in Dalmatien keine Randerscheinung für Liebhaber. Jeden Sommer gibt es Festivals, bei denen die Männerchöre der einzelnen Orte gegeneinander ansingen, bis die beste *klapa* des Sommers gefunden wird – und diese zieht dann den Rest des Sommers durch das Land. Das wohl berühmteste Festival findet in Omiš statt, wo früher die Piraten ihr Unwesen trieben, an der kalten Cetina, in der heute geraftet und geklettert wird. Die *klape* singen auf dem engen kleinen Marktplatz, wo die Altstadtmauern den Tönen den Weg in den Nachthimmel weisen. Das Fernsehen ist da und viele Zuhörer – wenn Sie irgendwie können, kommen auch Sie! Dabei brauchen Sie nicht zwingend eine Karte für den Wettbewerb auf dem Marktplatz. Der schönste Teil des *klape*-Festivals in Omiš beginnt nach dem Konzert, in den Stunden, in denen an jeder Ecke der Altstadt eine *klape* sitzt und ihre Lieder singt. Manchmal sitzen sie nebeneinander in Restaurants und stehen abwechselnd auf, führen den Wettbewerb fort. Die Stadt bebt unter den Männerstimmen in dieser Nacht. Sie schmachten, natürlich, voller Hingabe. Es geht um einfaches mediterranes Leben, Wein, Trauben, Lieben, Sehnen, Begehren.

Die *klape* sind derzeit so beliebt, auch bei der Jugend, dass sie Musikvideos drehen können, die nachts neben denen der Popstars laufen. Inzwischen können auch Frauen ihre *klape* gründen, doch die Stars des Spiels sind nach wie vor die Männer. Im Sommer reisen sie, nach den Festivals, durch die Küstenorte und singen für Touristen … Irgendwo werden auch Sie nachts sitzen und Männerstimmen hören, die ihre erste Stimme umsingen, weil diese zu traurig ist, alles, was nicht ist, alleine zu tragen: Meist handeln die Lieder nämlich von dem Glück, das nie kam, oder zu kurz kam, in jedem Fall ist es mehr als eine Armeslänge vom Sänger entfernt.

Neben den schmachtenden *klape*-Sängern werden im Sommer zwei Stimmen Ihre Cafébesuche umspielen: Oliver und Gibonni. Ohne Oliver und Gibonni voneinander unterscheiden zu lernen, sollten Sie Dalmatien nicht verlassen. In jedem Café, Restaurant, an jedem Strand werden diese beiden dalmatinischen Sänger rauf und runter gespielt. Der eine klingt wie ein schlanker Joe Cocker, Oliver, der andere, rauer und mit schwierigen Melodien. Oliver singt seine Lieder von der Stange, doch der Dalmatiner hört das nicht. Ihm kommen die Tränen, wenn Oliver ausholt zu einem langen: *Da vridilooo jeeeeeee* ... Es war's wert, das alles. Das Leben, das Lieben. Es ist nur viel zu kurz, das alles. Wir begehren, wir verlassen, wir vergessen. Und die Zeit vergeht. Das alles kann der Kroate noch immer nicht ertragen und schmachtet es der Welt entgegen mit einem Schmerzgesicht, das das Funkeln in sich trägt.

Konoba

Wenn wir nun schon bei den *klape*-Sängern sind, hier eines der wichtigsten dalmatinischen Phänomene. Die *konoba*. Meine *baba* hatte eine. Das war schlichtweg ihr Keller, in dem sie den selbst gebrannten Schnaps, Wein und das gute Fleisch versteckte. In Dalmatien sind die *konobe* jedoch kleine, ursprüngliche Restaurants. Sie sollten, wenn Sie die Wahl zwischen einer *konoba* und einem Restaurant haben, immer die *konoba* wählen, weil sie landestypisches Essen serviert, Lamm und Fisch und Wein vom Weinberg um die Ecke. In der *konoba* werden die Wände mit liebevollen Details des dalmatinischen Lebensalltags dekoriert. Eine der schönsten, ursprünglichsten *konobe* finden Sie auf der Insel Brač, am Hafen, den Ort dazu verrate ich nicht. Er müsste auszumachen sein, denn hier war schon Sisis Franz zu Gast, der Stuhl, auf dem er saß, steht noch heute neben den anderen. Josip, der junge Besitzer dieser *konoba*, erzählt das alles nur auf Nachfrage, hier ist nicht Amerika, wo jeder Promi, der auch nur mal vor dem Schaufenster vorbeilief, gleich als Referenz an die Wand gehängt wird. Nein, in Kroatien müssen Sie reden, um solche Geschichten zu hören. Man muss den Menschen das Gute nicht unter die Nase reiben, die Guten kommen von selbst darauf, und so hält man sich die Nervigen auch ohne viel Arbeit vom Leib. In Josips *konoba* gibt es nicht jeden Tag Fisch, weil man den Fisch nur einem abkauft, dem Taucher, der morgens die Fische fängt. Fängt er nicht genügend Fische, gibt es den Fisch eben nicht. Josip mag ohnehin keine Restaurants, die jeden Tag alles auf den Tisch bringen können, das passt nicht in diese Gegend, sie ist nicht so beherrschbar, dass du immer haben kannst, was du willst, sagt er. Das Essen schmeckt dennoch, als würde einem hier jeder Wunsch von den Lippen abgelesen. Schon nach einem Tag grüßen einen die Kellner und Josip, weil man seine *konoba*, gutes Essen und Wein zu schätzen weiß. Das schätzen sie. Die Rechnung servieren sie in einer *šešulja,* das ist eine alte Holzschaufel, mit der man früher den Weizen aus den Säcken holte. Das Geld wird mit einem rostigen Nagel beschwert. Die echten Dalmatiner lieben solche unpraktischen Dinge, je länger etwas dauert, desto besser, der Dalmatiner hat Zeit. Und arbeitet auf den Punkt. Die *konoba* ist der Ort, an dem der Dalmatiner zu Hause ist. Die *klape* singen eine Hymne für sie, natürlich hat dieses Lied mit dem Hochkroatischen nichts am Hut, hier, in der *konoba*, darf der Dalmatiner Dalmatiner sein und seinen Vokalwechsel vom e zum i besingen … Selbst die Worte sind alte, dalmatinische Worte, aus dem Alltag von Bauern, Winzern und von Menschen, die gerne miteinander essen und feiern … Für Kroaten, die mit dieser Gebrauchsanweisung reisen, hier einmal der ganze Text, für die, die kein Kroatisch können, ergeht hiermit die Einladung, immerhin einmal einen Blick auf diese Sprache zu werfen:

Konobo Moja
Imala si baril i bronzine,
Pod škancijon stivane bocune,
Sve si gušte na ovome svitu
Darivala ka lipe bokune.

Vonjala si toćon i friškinon,
Ladila me kad uvati fjaka,
A kad dušu stegla bi tuga
U tebi san i pija i plaka.

Konobo moja, radosti sva,
Dušu san svoju svu tebi dà.
Konobo moja, ka dom si moj,
Čuvan ti pismu ka život svoj.

Na-na-na …

Uz šteriku jos vonja levanda,
Razvodni se život ka bevanda,
Od bibiti, falši novitadi,
Ne damo se, još smo uvik mladi.

Ajmo skupa, prijatelji moji,
Razmistimo tamburin, katrige,
Zapivajmo pismu s kojon srce
Upo žmula zaboravlja brige.

Für deutsche Reisende die äußerst freie Übersetzung des Refrains, weil es wie immer in der Übersetzung nicht wirklich klingt … Aber dennoch, damit Sie ahnen, was die *konoba* dem Dalmatiner ist:

Konoba mein, all meine Freude,
all meine Seele, ich dir gab
Konoba mein, du bist wie mein Heim
dieses Lied hüt' ich dir, als wär's das Leben mein.

Jugoplastika – In Jugoslawien gab es nur Tourismus, oder?

Ich kann unmöglich über Split, über Dalmatien schreiben, ohne Jugoplastika zu erwähnen. Sie vermuten dahinter vielleicht einen Spielwarenladen, doch es war ein Imperium, für »unsere Verhältnisse«. Jugoplastika schuf Mode. Jugoplastika war ein Lebensstil. Vielleicht würden Sie das als sozialistischen Chic bezeichnen, aber die Eltern meiner Generation sahen dort unten nun einmal so und nicht anders aus. Jugoplastika, oder JP, stellte alles her, was ein Mensch im Laufe seines Lebens brauchen könnte: Puppen, Turnschuhe, Kühlschränke, Jacken, Sportsachen und Spielzeug zum Beispiel. Ein Begriff war mir Jugoplastika vor allem durch meinen sportversessenen Bruder, der immer in deren Kaufhaus wollte, weil sie der Sponsor für das jugoslawische Basketballteam war, das es weltweit zu Ruhm gebracht hatte. Um die 13 000 Angestellten hatte der Gigant unter den jugoslawischen Unternehmen, vorwiegend Frauen. In den Kantinen gab es damals schon Gerichte für Diabetiker, es heißt, die sozialistischen Unternehmer hätten immer gut für ihre Angestellten gesorgt, so gut, dass jeder von ihnen umsonst bei uns in Deutschland anrufen durfte und die Unternehmen eines Tages pleite waren. Sagte man den Angestellten, sie hätten die Anrufe ins Ausland lieber selbst bezahlt, dann wären die Firmen nicht bankrott, sagten sie, eine Firma, die wegen meines Anrufs bei euch bankrottgeht, ist keine Firma, die ohne meinen Anruf bei euch nicht bankrottgehen würde.

Jugoplastika arbeitete tatsächlich mit Größen wie Adidas zusammen, war einer der Großsponsoren für die 14. Olympischen Spiele in »Sarajevoo, Sarajevoooo!«.

Im Zuge dessen, was man seit der Unabhängigkeit Kroatiens Privatisierung nennt, wurde das Jugoplastika-Hochhaus abgerissen. Željko Kerum, der unbeliebte Bürgermeister Splits, hat dort nun eine Art Mall hingestellt, in der nichts produziert wird, sondern nur »chinesische milde Gaben« verkauft werden, wie die alten *Splićani* sagen. Sie würden gerne selbst die Ware herstellen, die sie verkaufen, so viel Sozialismus ist noch im Geist. In der Galerie Salon Galić in Split wurden Produkte aus der Herstellung von Jugoplastika ausgestellt, die nach einem Aufruf an die Bewohner von Split, ihre Lieblingsstücke beizusteuern, gesammelt wurden. Die offensivste Werbung, die jene Zeit hervorgebracht hat, ist ein Bühnenauftritt eines alten Sängers, dessen kleine Tochter zu ihm aufsieht und singt: *Tata kupi mi auto* … Papa, kauf mir ein Auto, einen Kuchen, Papa, kauf … Die Kroaten haben nichts gegen den Kapitalismus, sie würden nur die Ware, die sie kaufen, gerne selbst produzieren. Privatisierung bedeutet für sie Enteignung und die Herrschaft der ohnehin Reichen. Gerade macht sich die Privatisierung über eine weitere Ikone der dalmatinischen Herstellungskünste her: *Dalmacijavino*. Eine Traditionsfirma, die direkt am Hafen sitzt, dort, wo Ihre weiße Fähre ablegt. Es hieß, ein Geschäftsmann aus Aserbaidschan übernehme die Firma. Jetzt soll es doch ein Amerikaner namens Salamon Berkowitz sein. Er möchte im ersten Jahr keinen der 500 Mitarbeiter kündigen, im zweiten Jahr die Belegschaft jedoch halbieren, um wettbewerbsfähig zu bleiben. Er plane, koscheres Essen herzustellen, weil das in europäischen Städten gut ankommt. In Split witzelt man bereits, wie er eigentlich seinen verbliebenen 250 Mitarbeitern erklären will, was koscheres Essen überhaupt ist.

Das Hinterland und Kukuriku – Wir haben unseren Präsidenten nicht verdient

Zwanzig Jahre nach dem Bürgerkrieg hat Kroatien einen der extravagantesten Präsidenten Europas: Ivo Josipović ist nicht nur Rechtswissenschaftler und angesehener Komponist, nein, als Kind soll er sogar ein Fußballtalent gewesen sein, hat sich aber für die Musik entschieden. Im Komponieren war er so gut, dass er mehrfach den ersten Preis der Europäischen Rundfunkunion erhielt. Fragt man die Kroaten danach, wie sie zu diesem Präsidenten gekommen sind, antworten sie lachend: »Das weiß hier keiner, wir wissen nur, wir haben ihn nicht verdient.«

Natürlich ist das nur die halbe Wahrheit in einem Land, das sich nach dem Bürgerkrieg schnell wieder ökonomisch zu erholen versuchte. Der Anschluss an Europa war bald schon ein wichtiges politisches Ziel, womit viele Alt-Nationalisten nicht einverstanden waren, schließlich war die Unabhängigkeit blutig erkämpft worden. Womit wir beim Thema wären.

Es ist eines, Ihnen von alten Feldzügen zu erzählen, und etwas anderes, Ihnen von einem Bürgerkrieg zu erzählen, der gerade einmal zwei Jahrzehnte zurückliegt und somit stattfand, als ich noch ein Mädchen war. Viele der jungen Männer und Frauen, die Sie auf den Straßen sehen, haben den Krieg miterlebt, sie kennen das Verstecken in Bunkern, die Angst um die Geliebten, die Gewalt, die aus allen Löchern eines Landes hinauf zwischen die Menschen zieht. Eine Zeit lang nannten sie sich *Die verlorene Generation*, das war, als die Kriegsrückkehrer in den Discos noch um sich schlugen und kein Fest gefeiert werden konnte, ohne dass die Knarre anwesend war. Heute scheint das lange her. Ist das für die meisten lange her. Sie wollen es nicht mehr nah wissen. Das zeigte sich mir, als ich dieses Jahr das Nikola Tesla Memorial besuchte und dort plötzlich eines der Minenschilder stand, das ich aus den Jahren nach dem Krieg kannte und seither nicht mehr gesehen hatte. Ich war irritiert, ging zurück zum Kartenhäuschen, in dem die Frau saß, die mir eben noch so freundlich von Nikola Tesla erzählt hatte. Sie war in meinem Alter, ein Teenager also, als der Krieg ausbrach. Kaum fragte ich nach dem Minenschild, verkrampfte sie sich, ihr Gesichtsausdruck wurde hart: »Das ist eine Idee von Josipović. Er weiß nicht, was er tun soll, und stellt uns dieses Schild vor die Nase. Wir haben hier keine Minen mehr. Das Land wurde mehrfach entmint. Nur er weiß offensichtlich noch nichts davon, weshalb er letzte Woche hier war, uns stolz zu verkünden, dass doch noch irgendwelche EU-Gelder für die zigste Entminung aufgebracht werden. Der soll sich lieber um Wasser für das trockene Land kümmern und uns keine Probleme machen, wo sie nicht sind. Minen gibt es hier keine mehr.« Sie war eine andere plötzlich, eben noch, als es um Tesla ging, hätte sie auch in einem New Yorker Memorial sitzen und Werbung für das Gedankengut dieses Landes machen können. Jetzt, allein durch die Frage nach diesem Schild, brach alles auf, was unter der Oberfläche dieses Landes festsitzt. Da reichen ein Staatsbesuch und ein falsches Schild an der vermeintlich falschen Stelle.

Landminen waren in Zeiten des Bürgerkrieges das Mittel der Wahl, gerade in der flachen Lika, der Gegend zwischen den Plitvicer Seen in Richtung Dalmatien.

Wenn Sie jedoch zur Bruchstelle wollen, verstehen möchten, wie der Spalt im letzten Krieg aufriss, sollten Sie sich einen Tag nehmen und von Split nach Knin fahren. Natürlich ist das kein Badetag, wobei Sie auf der Rückfahrt auch in den Fluss Krka steigen und die Wasserfälle bewundern können. Knin also, die Stadt, in der die in Kroatien lebenden Serben die Republik Serbische Krajina ausriefen, deren Hauptstadt Knin war. Die Kroaten wurden aus der Krajina vertrieben, ihre Häuser geplündert, die Kirchen geschändet. Die jugoslawische Volksarmee, JVA, in diesem Gebiet vor allem serbisch, verhinderte das Eingreifen der kroatischen Kräfte. Der Kriegsverbrecher Ratko Mladić, heute Angeklagter in Den Haag, gab der JVA damals die entsprechenden Befehle. Das war 1991. Vier Jahre lang tobte der Krieg, der in einem kleinen Ort namens Knin begann. Achtzig Prozent Serben lebten damals in der Krajina, heute sind es knapp zwanzig.

Wenn Sie die alten Straßen durch das Hinterland nach Knin fahren, vorbei am Mausoleum des Bildhauers Ivan Meštrović, werden Sie verstehen, wie schwierig dieser Krieg zu führen war und weshalb ihn jene gewinnen mussten, die diese Berglandschaft am besten kannten. Ein Auf und Ab an karstigen Bergen und Tälern, wenig Schutzfläche. Diese harten Bedingungen der Kriegsführung machen das kroatische Militär heute zu Spezialkräften in Afghanistan, weil die Soldaten Erfahrungen mitbringen, die andere nur aus Lehrbüchern haben.

Der Weg nach Knin ist gespenstisch: Viele der Betonhäuser auf der Strecke stehen noch immer leer, die Einschusslöcher sind noch zu sehen. Geisterstädte. Doch es bessert sich. Die einstigen Bewohner kehren zurück, spachteln die Einschusslöcher zu und streichen die Fassaden neu, manche erstmals. Fast könnte in manchen Ecken Normalität aufkommen, doch dann, man möchte sich gerade dieser Illusion hingeben, hängt aus einem der Fenster mit Sicherheit das Bilder eines gesuchten Kriegsverbrechers: Ante Gotovina oder Arkan, zum Beispiel.

Arkan war ein Kriegsverbrecher, dessen dämonische Kraft sich aus jedem Toten zu nähren schien; als könnte sein Hunger nach Krieg nicht gestillt werden, zog er mit seinen Truppen weiter in den Kosovo, als Kroatien befriedet war. Arkans Tiger, wie sie genannt wurden, sollen in Vukovar Patienten in Krankenhäusern ermordet und Massaker an Zivilisten verübt haben. Nach dem Krieg heiratete er die Turbo-Folk-Sängerin Ceca und wurde weiter für seine Männlichkeit gefeiert. Im Belgrader Intercontinental Hotel wurde er in der Lobby erschossen. Die Motive sind unklar, es heißt, es lag nicht an den Kriegen, sondern an seinen Verstrickungen mit der Unterwelt.

Sein Porträt hängt hier und dort aus den Küchenfenstern, und Sie spüren, wie Ihnen in Knin, inmitten der noch immer stehenden Kriegsruinen, allmählich die Luft wegbleibt, weil Sie sich fragen, was hinter diesen Fassaden gedacht und gesprochen wird. Während die Jugend zwar wie überall auf der Welt mit Handy und Musik im Kopfhörer durch die Straßen eilt, gerne in Miniröcken und auf Pfennigabsätzen, stolpert sie hier noch über Einschlaglöcher im Asphalt. Wieso diese Region strategisch eine solche Rolle spielt, verstehen Sie, wenn Sie auf die Burg gehen, die große Festungsruine auf dem Berg *Spas*. Das letzte Mal, als ich oben war, wurden gerade die einzelnen Brigaden vorgestellt, eine Ausstellung, die die Brüder, die für den Heimatkrieg gestorben sind, würdigt. Ich stehe auf dieser

Festung und blicke über das karstige Land, sehe die Eisenbahnstrecke, die sich Richtung Küste zieht. Mit einem Mal verstehe ich all die Geschichtsbücher, in denen nachzulesen ist, wie viele Kriege an diesem kleinen Ort ausgebrochen sind: Es war – immer schon – einer der Hauptverkehrsknotenpunkte Europas an die Küste. Die serbische Mehrheit der Krajina hatte diesen strategischen Punkt gewählt und nicht einen in Slawonien. Knin, das ist immer auch die Zufahrt zum Meer, wenngleich noch knapp über fünfzig Kilometer Land dazwischen sind.

Am 5. August jeden Jahres, am Tag des Sieges und der Dankbarkeit, kommt der kroatische Präsident auf diese Festung und hisst die Fahne. Die Rückeroberung der Krajina wird gefeiert, die Befreiung von der serbischen Okkupation mit der »Operation Oluja«, die in nur 84 Stunden die Krajina von den Serben zurückeroberte. Dieser Sieg war das Ende des Kroatienkrieges. Vor der »Operation Oluja« kam es am 12. Juli 1995 in Srebrenica unter den Truppen von Ratko Mladić zum größten Kriegsverbrechen in Europa seit dem Ende des Zweiten Weltkriegs. Die Rückeroberung hatte strategische Folgen auch für den Bosnienkrieg, da die Stadt Bihać in den militärischen Eingriff eingeschlossen wurde. Ein Drittel Kroatiens, das durch die Ausrufung der Republik Serbien jahrelang in serbische Hände zu fallen drohte, gehörte nun wieder den Kroaten.

Für Kroaten ist der kurze militärische Einsatz, bei dem sie vermutlich die Unterstützung der USA und der NATO hatten, der größte nationale Feiertag der neuen Republik. Für die Serben und serbischen Minderheiten dieser Region waren diese Tage der Beginn eines Feldzuges, der Vertreibung und weitere Kriegsverbrechen nach sich zog. Die Zeit nach der Rückeroberung Kroatiens gilt als eine der grausamsten in der Kriegsgeschichte des Balkans, deren Details hier nicht auszuführen sind.

Sie verstehen nun vielleicht, weshalb im Hinterland die HDZ, die nationalistisch-konservative Nachfolgepartei Tudjmans, die Zügel fest in der Hand hält. Am 5. August strömen die »Neuen Spliter« in ihre alte Heimat und grölen ihre nationalistischen Lieder, sagen – manchmal – angewidert die Städter. Es zieht sich auch hier eine Kluft durch das Land zwischen jenen, die von sich behaupten, die Unabhängigkeit erkämpft zu haben, und den anderen, die diese Unabhängigkeit vielleicht auch wollten, doch nicht an der Front waren. Im Gegenteil, von Zagreb und Istrien aus ist die oft nationalistische Haltung des Hinterlandes weder nachvollziehbar noch tragbar. Sie wollen als modernes Kroatien in die EU, ohne blutverschmierte Hände. Das Hinterland fühlt sich abgehängt, als habe es die schmutzige Arbeit für die Unabhängigkeit verrichten müssen und werde nun dafür an den Pranger gestellt; es muss zusehen, wie sich Kroatien im Rahmen der EU wieder mit Serbien vereint, Geschäfte macht und die Heimatkrieger an Den Haag ausliefert. Es ist schwer, derzeit eine ideologische Brücke zwischen dem Hinterland und dem Rest des Landes zu bauen, was die Politik vor große Herausforderungen stellt. Wie hilfreich dabei die jüngsten Urteile des Internationalen Strafgerichtshofs für das ehemalige Jugoslawien sind, die Gotovina und Markač freisprechen, wird sich zeigen.

Einerseits scheint es nur eine Frage der Zeit, bis sich die Menschen wieder verbünden, beim Eurovision Song Contest tun sie es längst. Doch nichts ist aufgearbeitet. Nichts ist besprochen. Keine Wunde geheilt, nur wenige Sehnsüchte gestillt. Kroatien eilt in Siebenmeilenstiefeln Europa entgegen.

Ich kann Ihnen hier nicht mehr erzählen, nicht weitergehen, ich wollte nur andeuten, wie weit der Weg zu einer Regierung war und ist, wie Kroatien sie jetzt hat. Kukuriku ist die Regierungskoalition, die Tudjmans Partei HDZ zum zweiten Mal der Macht beraubt hat. Ein sozialliberales Parteienbündnis für Veränderung, das seinen Namen dem Restaurant in der Nähe von Rijeka verdankt, in dem es sich gegründet hat. Kukuriku – das hat sich die HDZ mit zahllosen Korruptionsskandalen auf höchster Ebene zu großen Teilen selbst eingebrockt. Der ehemalige Premierminister liebäugelte so heftig mit der österreichischen Hypo Alpe Adria, dass eine halbe Million für ihn dabei heraussprang und ein Gefängnisaufenthalt.

Der Name der aktuellen Regierungskoalition scheint trotz allem Ironie des Schicksals zu sein: Kukurikuuu ist das Krähen des Hahnes, ein Geräusch, das man eher mit dem Hinterland als mit urbanen Zentren und Zukunft verbindet. So sind die Kroaten derzeit auch nicht wirklich glücklich mit ihren neuen Regierungschefs, doch Josipović, auf den können sich die meisten einigen, indem sie sich bestätigen: So einen haben wir nicht verdient.

Pilgern oder: Zur Muttergottes?

Kroaten sind fromm. Lange bevor sie sich als Kroaten definierten, bezeichneten sie sich als Katholiken. Bis heute ist die Frage, ob jemand katholisch ist oder orthodox, für viele bedeutsamer als die nach der Nationalität. Muslime meinte man von Weitem erkennen zu können. Oder spätestens am Namen: Alija Izetbegović, Halilbegović usw. Das erkennen selbst Sie als Kurzzeittourist schnell. Es gab Befragungen nach der Frömmigkeit der Kroaten, als das Königreich der Serben, Kroaten und Slowenen entstand (1918–1941). Dabei beschrieben sich die Kroaten als äußerst fromm, doch in keinem Haushalt von der Küste bis tief ins Hinterland war auch nur eine Bibel zu finden. Mag sein, die Bibel hätte den meisten auch nicht viel gebracht, die wenigsten konnten damals lesen. Das Hin und Her der Religionen war jenes, das den Alltag so definierte wie heute die Frage nach dem Pass. Besonders gefällt mir die schöne Geschichte von der friedlichen Koexistenz, die ich immer wieder höre, demnach seien die Leute erst aufeinander losgegangen, als es zu den Nationalstaaten kam. Einmal, da war ich in Mostar, hatte mir gerade einen *burek* gekauft und biss in Ruhe hinein, als der nette Mann, der mir eben den *burek* in die Hand gedrückt hatte, aus dem Laden stürmte und mit dem Messer in der Hand auf einen älteren Herrn mit weißer Häkelmütze zulief, der prompt auf sein Klapprad stieg und über die holprigen Pflastersteine davonraste: *Jeben ti tu tvoju muslimansku majku! Jeben ti boga tvoga i tu tvoju muslimansku kapu …* Die Details übersetze ich hier nicht, es ging kurzum um die Mutter des Fahrradfahrers, den Gott des Fahrradfahrers und die Mütze des Fahrradfahrers, jeweils mit obszöner Einleitung und das Muslimische implizit. Da war mir klar, die Religion ist immer noch einer der Götter des Alltags, trotz des Kriegs der Ethnien beschimpfte dieser Mann den anderen nach jahrhundertealter Tradition mit seiner Religion. Besonders gefällt mir ja, dass bei uns kein Moslem verlangen würde, dass Sie sich beim Betreten einer Moschee ein Kopftuch umbinden, er empfände das als Heuchelei, dass ich mir ein Glaubensmotiv, das bei ihnen Bedeutung trägt, einfach so auf den Kopf setze. Auf dem Balkan achtete man sich, indem man nicht im Hause des anderen war wie der Gastgeber, sondern wie man selbst. Wie dem auch sei, ich erzähle das alles nur, um Ihnen zu sagen, wie groß und weit und wie endlos dekodiert dieses Glaubensfeld auf dem Balkan ist.

Doch jetzt zurück zu den Römisch-Katholischen. Bis heute ist ihr Glaube Form geblieben. Das Gespräch mit dem lieben Gott wird nicht gesucht, das wäre zu protestantisch, es wird die Form gesucht, in die man das eigene Leben mal mehr, mal minder mühevoll presst. Kroaten lieben Hochzeiten, Taufen, selbst auf Beerdigungen finden sich bei normal Sterblichen über 400 Gäste. Es ist das starke Ritual, das die Emotion deckelt, in Schach hält und so die Kirche zum zentralen Begegnungsort macht, sakral und doch entweiht, weil man das Gefühl für sich behält. Es zählt die Form, sie gibt Halt. Kirche und Staat gehören in Kroatien inzwischen so eng zusammen, dass man in der Kirche auch die standesamtlichen Papiere unterzeichnen kann. Das ist leicht zu verstehen, schließlich war die römisch-katholische Kirche im Bürgerkrieg eine treibende Kraft. Aufarbeitung? Wenn es da etwas gibt, werden die Priester einfach auf eines der zahllosen Klöster auf den Inseln versetzt. Da können sie Wein anbauen. Und gärtnern.

Kroaten lieben Rosenkränze, knien leidenschaftlich gerne auf Kirchenbänken und bekreuzigen sich noch im Auto bei jeder Kirche, an der sie vorbeifahren. Fragt man jedoch einen Kroaten nach der Bergpredigt, wird man schief angesehen. Es wird ein Schnaps bestellt, predigen, sagt der Kroate, kann ich unter Alkoholeinfluss am besten selbst. So geschieht es auch, dass Sie in einer Messe sitzen und so mancher Vertreter der Kirchengemeinde dem predigenden Pfarrer ins Wort fällt, es besser weiß, widersprechen muss. Als einmal meine kroatischen Verwandten auf einer deutsch-kroatischen Messe in Stuttgart waren und dieser Gewohnheit nachgingen, lachte der Pfarrer nur beim ersten Mal. Während er erzählte, wie Gott auch für die Vögel auf den Feldern sorgt, fielen ihm meine Verwandten ins Wort und sagten, das habe bei ihnen im Hinterland nicht funktioniert, da seien viele verhungert, während sie auf Gottes Brot gewartet haben. Der deutsch-kroatische Pfarrer mahnte schnell zur Disziplin.

Es ist ein seltsames Verhältnis, das die Kroaten zu ihren Kirchen und deren Amtsträgern pflegen. Als in Deutschland die Aufklärung von Fällen von Kindesmisshandlung auch in kirchlichen Kontexten durch die Medien ging, hielten sich die Kroaten die Augen zu. Es sei besser, vor manchem die Augen zu verschließen, sagten sie und schlossen die Augen. Ein Pfarrer mit Kindern, das ist einfach nicht vorstellbar und somit nicht zu diskutieren. Es ist, als hinge eine schwarze Mönchskutte vor der katholischen Kirche und durch diese dringt weder kritischer Verstand noch aufklärerischer Geist. Die meisten Kroaten drehen den Kopf ein wenig nach rechts, wenn die Medien Kritisches über die Kirchen berichten, wie kleine Kinder, die spielen: Was ich nicht sehe, gibt es nicht. Das Durchleuchten, das Ausleuchten, das Durchdringen bis in den letzten Kern liegt den frommen katholischen Kroaten fern. Der liebe Gott fragt schließlich auch nicht bis ins Letzte, welche Sünden du auf dem Gewissen hast, er verzeiht dir schlichtweg überall dort, wo sich das Gefühl der ehrlichen Reue einstellt. Und bereuen, das können Kroaten gut, also fürchten sie sich vor keinen Sünden und Strafen Gottes. Dann wiederum fürchten sie freilich bei der kleinsten Krankheit, die über sie kommt, es könnte Gottes Strafe sein, etwas, was man nicht genug bereut hat und sich nun gegen einen wendet. So manch einer bezeichnet diesen Lebensentwurf als bigott und doppelmoralisch, die Kroaten würden sagen: Die Welt braucht ihre Ordnung, was in der Unterwelt geschieht, geht keinen etwas an. Das machen Gott und der Gläubige unter sich aus.

In solchen Fällen schwören Kroaten aufs Pilgern. Es gibt hier heilige Stätten, die können Sie mit Punkten auf der Landkarte gar nicht alle markieren. Ich möchte hier die zwei wichtigsten erwähnen, bei einem sind wir allerdings mitten in einem Territorialkonflikt, doch den lösen wir auch. Zum einen wäre das Sinj. Sinj wirkt heute vielleicht auf Sie wie ein weiteres Örtchen inmitten eines Niemandstals, aber das wirkt nur so, früher, bevor Split eine Stadt war, gab es hier einen Flughafen und die ersten Anflüge von Industrialisierung, Urbanisierung und einem bürgerlichen Lebensstil. Diese Entwicklung verdankt sich genau zwei Familien, den Familien Tripoli und Buljan. Letzterer ist in Sinj ein Haus gewidmet. Doch zu diesem Haus pilgern die Dalmatiner nicht, zu bürgerlich, zu gebildet, zu weltlich-ästhetisch. Sie pilgern zur Muttergottes. Die *Gospa von Sinj* soll nämlich schon 1715 die türkischen Belagerer, die bereits 200 Jahre zuvor geherrscht hatten, mit ihrem heiligen Antlitz in die Flucht geschlagen haben. Die Wissenschaftler schreiben das inzwischen eher den Bakterien im Fluss zu, aus dem die Osmanen nach der langen Reise tranken, doch einen frommen Kroaten bringen so ein paar Bakterien nicht aus dem Glaubenstakt: Wer bitte brachte die Bakterien in den Fluss? Und wer machte den Osmanen gerade an dieser Stelle Durst? Sie sehen schon, die Muttergottes von Sinj ist nicht zu retten, sie gehört zu dieser Geschichte wie keine zweite. Die Kroaten sind so überzeugt von ihrer Wirkungsmacht, dass sie sich barfüßig jedes Jahr von ihrem Haus auf den Weg zu ihr machen. Vergessen Sie Sicherheitsfragen, vergessen Sie so etwas wie Fußgängerwege, nein, man geht über Kieswege und Autobahnen einmal im Jahr, bis zum Morgengrauen, um sich in Sinj im Franziskanerkloster die Sünden abnehmen zu lassen, den Ablass zu bezahlen (noch heute!) und daraufhin auf die Kirmes zu gehen und über Lamm und Bier und junge Frauen herzufallen. Das alles passt für die frommen Kroaten in eine Pilgernacht. Denn nächstes Jahr können sie ja wieder barfüßig auf den Weg nach Sinj gehen. Dass dort neben dem Beten so gerne gefeiert wird, liegt auch an der Sinjska Alka, die jährlich einmal aus der Hauptstraße eine Pferderennstrecke macht. Auch das zum Gedenken an die Rettung vor den Osmanen, ein Ritterspiel in der ersten Augustwoche, zu dem die gesamte Polit- und Showbizprominenz anreist. Die Alka ist benannt nach dem Metallring, auf die der Ritter mit seiner Lanze in vollem Galopp zielt. Auf Türkisch heißt dieser Metallring: *halka*. Sagen Sie das aber bitte keinem Kroaten, dass die Festlichkeit für die Rettung vor den Osmanen nach einem türkischstämmigen

Wort benannt ist. Sinj ist inzwischen auch des Öfteren in die Schlagzeilen gelangt, weil junge Frauen dort vergewaltigt wurden, oft von jungen Männern, die sie kennen. Der schwarze Humor der Kroaten macht auch hiervor nicht halt, zumal ein junger Vergewaltiger, der nach seiner Tat weinend dastand und nicht wusste, was über ihn gekommen war, den Trost der frommen Christen beinahe medial zugesprochen bekam. Wahrscheinlich hätten manche von ihnen als Strafmaß im nächsten Jahr ein barfüßiges Pilgern nach Sinj verkündet.

Ach ja, es gibt tatsächlich jene, die es nicht schaffen. Sie brechen auf halbem Weg ein. Sie gehen los, jedes Jahr, und mitten auf dem Weg versagt ihnen die Kraft. Meinen Sie bloß nicht, da kommen Sie mit Erklärungen wie Erschöpfung oder Schmerzen weiter. Nein, wir haben es hier mit einer besonders pilgerbedürftigen Seele zu tun.

Sinj ist ja nur einmal im Jahr zu Mariä Himmelfahrt das Pilgermekka, also braucht der Kroate ein zweites, nicht allzu weit entferntes Pilgermekka. Als heimatliebender Kroate kann man ja nicht ständig nach Lourdes, doch braucht man hin und wieder Weihwasser, heilige Felsbrocken oder Marienbilder, die in diesen Pilgerorten zuhauf liegen. Sie sind von einer so schlechten Qualität, dass auch die Seligsprechung nichts hilft, doch die frommen Kroaten stört es nicht, solange die Heilige Muttergottes darauf zu erkennen ist.

Jedenfalls, den Rest des Jahres pilgern die Dalmatiner nach Međugorje. Und hier fängt natürlich ein territoriales Grundsatzproblem an: Sie können nicht nach Südkroatien reisen, ohne die berühmte Pilgerstätte Međugorje zu besuchen. Međugorje ist nach Lourdes einer der beliebtesten Wallfahrtsorte Europas, Thomas Glavinić schrieb jüngst ein Buch darüber. In den Köpfen der Kroaten gehört es zu Kroatien, doch um dorthin zu gelangen, müssen Sie eine

Grenze passieren. Wenn Sie diese Grenze nach Bosnien in die Herzegowina passiert haben, werden Ihnen die Menschen dort trotzdem sagen: Wir sind Kroaten. Es ist der kroatische Teil Bosniens, die Herzegowina. Međugorje steht im Nirgendwo, und wenn ich nicht fromm wäre, müsste ich sagen, es entstand mitten aus dem Nichts. Die Geschichte geht so: Sechs junge Seher in diesem Dorf in der Herzegowina behaupteten 1981, die Muttergottes sei ihnen erschienen. Mehr ist da nicht. Sie können jetzt meinen, ich sei ein besonders kritischer Geist und schände eine weltweit anerkannte Pilgerstätte mit dieser knappen Version, aber Međugorje wurde auch von der römisch-katholischen Kirche nicht als Ort der Marienerscheinung anerkannt. Doch Katholiken aus der ganzen Welt – sie werden auf eine Million jährlich geschätzt – reisen zu ebendiesem Wallfahrtsort in Međugorje, zu dieser Kirche, die inzwischen von Accessoire-Shops und Apartmentanbietern umzingelt ist. Es gibt sogar einen Verein namens Međugorje Deutschland. Der Siegeszug ist unbeschreiblich. Wenn sie vor der Kirche stehen, knien die Gläubigen schon vor dem Eingang und küssen Rosenkränze. Sie sehen junge Mütter mit kranken Neugeborenen im Arm und an Atemgeräten. Sie sehen viele Krankheiten, die Sie sonst in der Öffentlichkeit nicht sehen. Hinter der Kirche gibt es einen Platz für die Messen, die Pfarrer predigen, die Gläubigen sitzen reglos auf ihren Bänken. An den Außenmauern der Kirchen sitzen Pfarrer mit Sprachschildern vor ihren Stühlen und nehmen den internationalen Gästen die Beichte ab. Nicht einmal der Ortsbischof glaubt den sechs Sehern, der Vatikan richtet eine Untersuchungskommission nach der anderen ein, von der jede zu dem Schluss kommt, dass es hier nichts zu sehen gibt.

So geht das nun seit drei Jahrzehnten. Und die Pilgernden werden Jahr um Jahr mehr.

Vielleicht sollte man Međugorje schon allein deshalb zum offiziellen Pilgerort ernennen, weil hier sechs Jugendliche die Vision ihrer Maria so lautstark verkündet und ein Leben lang verteidigt haben, dass sie Millionen Gläubige auf der ganzen Welt in Bewegung gesetzt und diese Region in Lohn und Brot gebracht haben. Sie sollten sich das ansehen. Sie sollten jedoch nicht erwarten, dass Ihnen auch nur einer in dem Örtchen etwas über den Inhalt der ganzen Geschichten erzählen kann. Maria war da. Das muss reichen. So wie man früher schon einfach nur glaubte, einer Bibel bedurfte es dafür nicht.

Dubrovnik oder: Der Schlag ins Gesicht

Dubrovnik, Trogir, Split. Diese drei Städte an der dalmatinischen Küste eint der weiße Marmor, die Lage am Meer und der Titel UNESCO-Weltkulturerbe. Dann wieder sind sie so unterschiedlich, wie sie nur sein können. Split ist die urbanste, hat eine klassische Vorstadt, eine einst heruntergekommene Altstadt, *Varoš* genannt, und eine Unterwelt in den Katakomben, genannt *podrumi*. Auf dem Turm des *Sv. Duje* haben Sie den schönsten Blick über die Stadt, es sei denn, Sie wollen einen Blick auf die Stadt, dann sollten Sie auf den Berg Marjan steigen. Split hat außerdem den Peristyl im Diokletianspalast, all das hat Dubrovnik nicht und gilt doch als die Perle der Adria.

Das Beeindruckende an allen drei Städten: wie normal die Menschen in diesen denkmalgeschützten Gemäuern leben. Die Unterwäsche hängt aus den Fenstern, die kleinen Zimmer werden für teures Geld an Touristen vermietet, und im Grunde opfern sie alle in den Sommern ihre Stadt all den Gästen, die kommen, die weißen Städte zu sehen. Das macht nicht allen gleichermaßen Spaß, und nicht alle verdienen gleichermaßen Geld damit. So manchen kostet das sogar einiges, weil keiner mehr unter dreißig Euro in Stadtnähe parken kann, weil die Preise für Kaffee und Essen in die Höhe schießen, viele Dalmatiner können in ihren eigenen Städten nicht mehr das Leben genießen. Wer hätte das gedacht, höre ich oft, dass wir so ein Ort werden für die Reichen und Schönen. Sie kommen alle, und nicht wenige Besuche enden mit einem Schlag ins Gesicht. Das mag jetzt vielleicht seltsam klingen, aber Sommer um Sommer wird hier ein Star nach dem anderen mitsamt seinem Bodyguard verprügelt. Tina Turner kam ungeschoren davon, weil sie nur vom Schiff aus in Richtung Festland winkte, auf ihrem Weg nach Montenegro. Anders erging es Beyoncé, die plante, ihre Sasha Fierce Tournee in Zagreb zu beginnen, und in Dubrovnik Urlaub machte. Kaum hatte sie die Stadt betreten, war ihr Bodyguard in eine Schlägerei verwickelt. Wie es dazu kam, wusste am Ende keiner mehr, doch ich vermute, es ist die noch immer stark ausgeprägte sozialistische Kraft in so manchen kroatischen Gemütern, die einfach nicht gerne den roten Teppich vor jedermann ausrollt. Die Tournee begann trotzdem in Zagreb.

Jiří Menzel hingegen unterbrach sein Vorhaben. Dem berühmten Tschechen erging es nicht besser, als er einen Dokumentarfilm über Kroatien drehen wollte. Er hatte das Land über seine Frau lieben gelernt und kam auf die Idee, ohne Genehmigung in Dubrovnik zu filmen.

Einen Tag später stand auf der Titelseite aller Zeitungen: Kameramann des Oscar-Regisseurs Menzel in Dubrovnik zusammengeschlagen. Natürlich wusste kein Mensch, wer Menzel ist, aber den Kroaten war plötzlich, als hätte dieser Schlag ins Gesicht des Kameramanns einen Oscar-prämierten Film über Kroatien verhindert. Sie schüttelten den Kopf, der Kroate braucht keinen besseren Feind als den Kroaten.

Neben all dem ist die Perle der Adria vier Monate im Jahr so voll, dass Sie denken werden, alle Kreuzfahrtschiffe dieser Welt müssen einmal in Dubrovnik haltmachen. Sie werden es nicht glauben, dass die Stadt im Krieg zerstört worden war. Ein Haus in der Altstadt erinnert noch daran, das Haus eines Künstlers, der von seinem Schicksal, dem Schicksal seiner Mutter und seiner Bilder an der Hauswand erzählt. Ansonsten ist Dubrovnik ein Reiseparadies geworden, von dem aus man die Elaphiten sehen kann, die Inseln vor Dubrovnik. Irgendwo hier sollen die Amazonen ihr Unwesen getrieben haben, Sie können das vielleicht von einem der Cafés aus beobachten, die in die steilen Felswände gebaut wurden, in denen nonstop Sade läuft und jeder Gast im Minutentakt am Röhrchen seines Cocktails zieht. Es ist nicht mehr leicht, zum Kern dieser Stadt vorzudringen, zu ihrem Herzen, das nicht touristisch ist. Schön ist sie, zweifellos, doch ist sie fast nur noch als Kulisse zu gebrauchen. Als Kulisse für die Sommerfestspiele, zu denen die berühmtesten Musiker der Welt kommen, als Kulisse für Touristen, die sich selbst gerne vor weißem Marmor und später auf Facebook sehen. Im Winter wissen die meisten Menschen nicht, wohin mit sich, die Jugend will, sobald sie kann, in größere Städte. Und doch gibt es diese Momente, da werden Sie um die Ecke biegen, und in der allerkleinsten Gasse der Stadt stehen drei schmutzige Jazzer, nicht solche für Festspiele, sondern die schmutzigen, solche, die noch immer keiner auf den klassischen Bühnen, sondern in Jazzkellern will. Hier stehen sie in Jazzgassen und spielen, als ginge es dabei um nichts. Plötzlich kommt ein älterer Herr, Filmemacher, und fragt einen anderen älteren Herrn, ob dieser seinen Dokumentarfilm über den *Stradun,* die lange Spaziermeile inmitten der Stadt, gestern im Fernsehen gesehen hat. Er hatte einen Film darüber gedreht, wie der Meeresarm an dieser Stelle zugeschüttet wurde, um die Insel mit dem Festland zu verbinden. Der andere schüttelt gelangweilt den Kopf. Der Filmemacher will offensichtlich reden, wenn schon nicht über seinen Film, dann doch bitte über Musik. Doch der andere will die Musik lieber hören. Hier sitzen sie also, in diesen Gassen, die Bewohner der Stadt, und klauen sie sich in ihren dunklen Ecken zurück. Ein befremdlicher Zustand für eine Stadt, an deren Eingangstoren das Wörtchen Freiheit großgeschrieben steht. Freiheit ist das Wort, das Dubrovnik zusammenfasst. Nicht Perle. Der Dichter der Stadt, Ivan Gundulić, sagte einst: »Für alles Gold dieser Welt werden wir unsere Freiheit nicht verkaufen.« Dubrovnik war die erste Stadt Europas, in der die Sklaverei abgeschafft wurde. 1416 schon! Die US-Amerikaner hätten daraus den Exportschlager Charta der Menschenrechte gemacht. Doch was tat die Republik Dubrovnik: Sie war der erste Staat, der die Unabhängigkeitserklärung der Vereinigten Staaten von Amerika international anerkannte. Und handelte dabei eifrig mit den Osmanen, weil das ihren Wohlstand erhöhte.

Diese Informationen über die Pionierarbeit der *Dubrovčani* mögen jetzt alle wieder vom Ministerium für Tourismus erfunden worden sein, doch dieser freiheitsliebende Keim in den Dalmatinern ist viel tiefer in ihnen verankert als das sozialistische Gemeinwesen. So hat der eine oder andere Tourist hier mehr von der Idee des Individualisten vorgefunden als in so manchen Ländern mit demokratischer Tradition. Es ist diese Mischung aus Freiheitsliebe und Sinn für das Gemeinwesen – die Strände gehören allen, nicht den Reichen! –, die aus Dalmatien diese widersprüchliche, faszinierende Region macht. Und die Dalmatiner sind bekanntlich überall.

Freiheit ist das Credo dieser Stadt. Ragusa, wie die Freiheitsliebende einst hieß, war stets bedroht und doch selten beherrscht worden. Die strategische Klugheit, die weitsichtige Wahl der Handelspartner, machte aus Dubrovnik sehr früh schon eine reiche Stadt. Die Stadtmauer ist eine der am besten erhaltenen Stadtmauern Europas. Viele hatten es auf die Perle der Adria abgesehen. Niemand scheint je so weit gekommen zu sein wie die heutigen Touristen.

Das Theater mit dem Theater oder: »Die Revolution ist tot, es lebe das Huhn!«*

Es ist beileibe nicht so, dass Sie hier immer wieder über das Theater lesen, weil das Theater mir ganz besonders am Herzen liegt. Gut, ja, ich hatte das Glück, von Theatermachern in die Theaterlandschaft eingeführt zu werden, vor gut fünf Jahren, als ich kroatische Gastspiele für den Heidelberger Stückemarkt einladen sollte. Es schien mir zunächst eine Welt für sich, das probeweise Aufeinanderprallen der Boheme, wie ich Sie in Zagreb kennengelernt hatte, und dem bürgerlichen Zagreb. Doch mit meinem ersten Eindruck lag ich weit daneben. Welche Rolle das Theater in diesem Land spielt, kann ich Ihnen an einem ganz einfachen Beispiel erklären, das diesen Sommer jeden Tag durch die Medien ging.

Nur damit Sie wissen, wohin ich Sie gerade mitnehme: In den Küstenstädten, vor allem in Split und Dubrovnik, erwartet man sehnlich die jährlichen Sommerspiele. Thea-

* Frei nach Büchner und der Tageszeitung Slobodna Dalmacija vom 25. August 2012, Seite 4

ter, Musik, Film – das Programm ist vielfältig. Wenn deutsche Intendanten und Ensembles in Urlaub gehen, beginnt für kroatische der Freilicht-Teil ihres Jobs. Diese Festspiele sind, ganz gleich, ob ein programmatisch gutes oder schlechtes Jahr, der Stolz der Küstenregionen, weil die berühmten Schauspieler aus Zagreb plötzlich zu ihnen ziehen. Da wären *Splitsko ljeto* und *Dubrovačke ljetne igre.* Die Stücke spielen am Meer, in den Kellern des Diokletianspalastes, sie spielen in den römischen Ruinen von der ersten römischen Siedlung in dieser Gegend, *Salona.* Es ist dieses bereits erwähnte Erbe aus den Zeiten des Sozialismus, dass Theater etwas ist, was sich jeder leisten können sollte. Tatsächlich leisten tut es sich, wie auch in Deutschland, eher das Bildungsbürgertum. Doch Tag um Tag – die deutschen Theater können nur davon träumen – berichten die großen Zeitungen und Fernsehsender von den Inszenierungen, den Reaktionen der Gäste auf die Deutungen der Klassiker.

Die Festspiele in Dubrovnik sind noch eine Klasse höher als die in Split: Klassische Konzerte. Große Namen. Dieses Jahr Barenboim, der in alten Gemäuern als Solist auftritt und dem jeder Fehler auf dem Klavier von den Kritikern verziehen wird, weil sie der Tiefe seiner Kunst verfallen sind und in einen Glückstaumel darüber geraten, dass er zu ihnen gekommen ist, ein Klavierkonzert zu spielen. Allein diese Geste macht jeden Fehler wett. Dubrovnik zählt keine 50 000 Einwohner, begrüßt jedoch Sommer um Sommer Weltstars der klassischen Musik. John Malkovich soll, nachdem er seine kroatischen Wurzeln entdeckt hat, den Präsidenten getroffen haben und sich Jahr um Jahr an dieser Küste tummeln. Roger Moore kommt jährlich mit seiner Frau, wenn auch nur, weil ihm die Kroaten den ganzen Besuch als Werbemaßnahme bezahlen. Aber wer will jetzt so kleinlich sein.

Sie müssen sich diese Theatersommer so vorstellen: Jene Boheme, die ich Ihnen in Zagreb beschrieben habe, zieht im Sommer in die Küstenstädte. Jeden Abend, in jeder Stadt, werden die öffentlichen Plätze bespielt: Rock- und Popkonzerte, Männerchöre, Tanzgruppen und, allen voran: das Theater. Diesen Sommer zog ein Skandal durch das Land. Es hätte auch ein anderer Sommer und ein anderer Skandal sein können, denn jedes Jahr gibt es einen Sommer und einen Skandal, doch dieses Jahr schien er mir besonders amüsant: Eines Tages, Sie mögen es glauben oder nicht, sehe ich das Gesicht des Regisseurs Oliver Frljić auf Seite eins der Tageszeitung. Ich sehe genau hin. Die Bildunterschrift: »Wenn wir das Huhn nicht auf der Bühne schlachten dürfen, dann bringen wir es eben tot.« Ich schüttle den Kopf, kaufe die Zeitung, gehe auf dem Heimweg in dem Laden vorbei, in dem meine Cousine arbeitet, und frage sie, ob sie weiß, was das soll. Sie schüttelt den Kopf: »Das sind die Tierrechtler! Inzwischen gibt es hier für jedes Tier Menschenrechtsgruppen, nur die Menschen werden noch immer behandelt wie Dreck.« Ich winke ab, von meinen Verwandten kann man keine vernünftigen Erklärungen erwarten. Seite zwei und drei geht es weiter: Die Festspiele in Dubrovnik haben sich mit dem jungen Skandalregisseur Oliver Frljić den Teufel ins Haus geholt. Er inszeniert Büchner, *Dantons Tod*, auf den Festspielen. Das Bühnenbild ist eine Guillotine für alle: Der Zuschauer muss seinen Kopf durch das dafür vorgesehene Loch in einem Holzbrett stecken. Das klingt jetzt für den gewöhnlichen Leser vielleicht etwas abstrakt, deshalb hat die Redaktion gleich ein Bild beigefügt, ein Seitenprofil der Bühne. Auf diesem Foto sitzt das brave Publikum auf Holzstühlen, halsaufwärts stecken sie alle in diesem Holzbrett, das die Bühne ist. Vor den Zuschauerköpfen spielt eine schöne, blutende Frau die Revolution. Oliver Frljić hatte nun die Idee, vor den Nasen dieses eingepferchten Publikums ein Huhn zu schlachten. Es ging darum, die Guillotine nachzustellen, Köpfe rollen zu sehen und dem nachzugehen, wie es wohl war, wenn man in der Masse stand und das Blut der Geköpften in die Gesichter der Umstehenden spritzte. Nun hätte der Skandal der sein können, dass Hühnerblut in die Gesichter der Zuschauer spritzt, doch nein, der Skandal nahm sich so aus: Eine Gruppe von Tierschützern stand am Tag der Premiere vor den Toren der Stadt und schrie sich die Seele aus dem Leib. Das Demonstrationsrecht nehmen insbesondere die kleineren Gruppen inzwischen gerne wahr. Das Schreien und Bannerhalten wurde zwar verlacht, doch musste die Premiere verzögert werden. Der Leiter der Festspiele beriet sich mit dem Regisseur. Die Rechtslage war eindeutig: Ein Huhn darf zwar in Massenlagern gehalten und geschlachtet werden, nicht jedoch auf der Bühne, für so unsinnige Zwecke wie die Kunst. Oliver Frljić wäre nicht das *enfant terrible* der kroatischen Theaterszene, könnte er daraus keinen Konfliktstoff ziehen. Seine Lösung – oder nennen wir es Provokation: Er lässt das Huhn eben vor der Bühne von einem Metzger schlachten und bringt es blutend und in zwei Teilen herein. Das war sicher nicht ganz das, was sich die Tierschützer mit ihrer Aktion erhofft hatten. Der Einsatz der Tierschützer für das zu schlachtende Huhn bei den Sommerfestspielen in Dubrovnik wurde so zur Nachricht des Tages. Eine gute Woche lang. Wie bei einem Gewerkschaftskampf wurde man jeden Tag über den Stand der Dinge informiert. Experten wurden hinzugezogen, die in den Medien die Rechte der Kunst im Verhältnis zu den Tierrechten ausloteten. Als ich die Nachrichten anschaltete, musste ich mich in diesen Tagen mehrfach vergewissern, nicht einer kroatischen Ausgabe von Wigald Boning und Olli Dittrich bei *Zwei Stühle, eine Meinung* beizusitzen. Mit ernsten Mienen wurde hier zur besten Sendezeit diskutiert, ob das Menschenrecht von Oliver Frljić, die Kunst auf die Bühne zu bringen, die seine Phantasie ihm gebietet, vor dem Tierrecht der Hühner steht, nicht grundlos geschlachtet zu werden, das heißt, nicht, ohne daraufhin auf dem Esstisch eines Menschen zu landen.

Die Debatte zog sich eine gute Woche, der Leiter der Festspiele, der zu Beginn des Skandals bedingungslos zum Regisseur gehalten hatte, setzte das Stück umgehend ab. Begründung war der Schaden, den das Ansehen der Festspiele durch die bedauernswerten Konflikte nehme.

So kam es, dass ich das Stück nicht mehr sehen durfte. Das Geld für die Karten wurde zurückerstattet. Die Kritik lobte Frljić für seinen Danton. Wie wäre es nur gewesen, wenn wir über die Fragen diskutiert hätten, die uns dieses Stück stellt, fragten viele. Die Frage danach, ob sich Revolution noch lohnt. Ob sie immer nur Selbstzweck war. All das. Doch abgewinkt, man hat im Grunde die Hoffnung ohnehin verloren.

Was diese Sommergeschichte auch zeigt: Vor zwanzig Jahren hätte kein Hahn nach einem geschlachteten Huhn auf der Bühne gekräht. Inzwischen gibt es ganze Facebook-Gruppen gegen das Verbot für Hunde, am Stadtstrand von Split im Meer zu schwimmen. Meine Cousinen, die andere Zeiten gewohnt waren, schimpfen darüber: »Gib den Menschen Rechte, und du raubst ihnen den Verstand.« Auf viele, die in Jugoslawien groß geworden ist, wirkt es noch immer befremdlich, die eigenen Anliegen so laut in die Öffentlichkeit zu tragen, ganz gleich, wie speziell sie sind. Tierrechte, die standen nie im Fokus. Das Tier war ein Nutztier, und wenn es der Regisseur nutzen wollte, dann ereilte es ein ehrenvollerer Tod als nur der Esstisch. So würde es meine Cousine sehen. Oder alle, die die Welt kennengelernt haben, bevor sie demokratisch war. In der ihnen eigenen, unbestechlichen Logik sagen sie bei solchen

Debatten nur lakonisch: »Und unsere Armen holen sich das Essen aus dem Müll.«

Das mag für Sie nun vordergründig in keinem Zusammenhang mit dem Huhn, den Festspielen in Dubrovnik und den Tierrechtlern stehen. Es soll jedoch nur eines heißen: Haben wir hier denn keine *richtigen* Probleme mehr? Damit wäre dann auch die Haltung der meisten Kroaten zum Tierschutz, dem Einsatz für Frauen und Kinder und sonstige Minderheiten zusammengefasst.

Croatian Sensation

Ich habe mich längst geoutet, und Sie haben es längst entdeckt: Ich bin eine, die ihre Sommer in Kroatien liebt. Sie können mir tausendundeinen Einwand vorbringen, Sie können mich fragen, wieso ich den Sommer in einem so kleinen Land mit diesen Massen Touristen verbringe und nicht in geheimeren Sommerecken dieser Welt. Sie können mich fragen, was bitte der Beton an den Stränden verloren hat und ob ich es eigentlich mag, wenn ich im Café von Kellnern, die ich mit Trinkgeld versehe, angepflaumt werde. Sie können mich gerne darauf ansprechen, ob ich es normal finde, im Bus zusammengekauert dazusitzen, weil irgendwelche wahnsinnigen Fußballfans einmal mehr öffentliche Verkehrsmittel mit Trampolins verwechseln und dies lautstark, bis ihnen die Scheiben um die Ohren fliegen. Sie dürfen mich sogar fragen, ob es nicht machbar ist für ein Land mitten in Europa, auch mal Bordsteine an die Straßenränder zu bauen und die Zahl der Verkehrstoten zu reduzieren, und sei es durch weniger Alkohol im Blut. Sie dürfen auch gerne fragen, ob es gesund ist, Jahr um Jahr aus den deutschen 25-Grad-Sommern in die 40-Grad-Sonne zu fallen und die ersten Tage wie erschlagen im Baumschatten zu liegen. Sie können darauf beharren, dass es auch Berge gibt, auf denen man sorgloser wandern kann, weil dort keine giftigen Schlangen unter den Steinen sitzen und keine Dalmatiner in der Ebene, die Ihnen bei jeder Gelegenheit die Story von Ihrem ganz persönlichen Weltuntergang erzählen. Ja, ich gebe es zu, die Kroaten werden Sie immer auf die mögliche Tragödie hinweisen, das gehört bei uns gewissermaßen zur christlichen Nächstenliebe und läuft unter Fürsorge. Natürlich stört das den unbeschwerten Urlaub. Die Kroaten werden Ihnen, wo es nur geht, erzählen, dass Sie gerade im Begriff sind, die größte Dummheit Ihres Lebens zu begehen, Gefahren lauern überall, das ist der mediterrane Gevatter Tod, der die Phantasie der Leute immer in den Abgrund lenkt … Da erging es schon Dante nicht besser, auch er widmete sein Schriftstellerleben der Höllenfahrt. Aber dann, inmitten dieser kleinen und großen Höllen, sehen Sie, wie vor Omiš kleine Jungs in Neoprenanzügen in Boote steigen und aufs Meer hinaussegeln, alle Abenteuerlust dieser Meereswelt schon in den kleinen Körpern, die Kraft, den Elementen zu trotzen, und den Mut, jeder Angst ins Auge zu sehen. Und die Eltern sitzen stolz im Café am Strand und tun so, als hätten sie nur die Gespräche mit ihren Freunden im Sinn und nicht das Abenteuer ihrer Kinder. Das alles nur, damit ihre Kinder kleine Helden sind, wenn sie abends ins Bett fallen und schlafen gehen.

Croatian Sensation, das war eigentlich der Spitzname, den die US-Amerikaner dem kroatischen Basketballer Toni Kukoč gaben, nachdem er sich als einer der ersten europäischen Stars in die NBA spielte. Er schaffte vieles, was unmöglich schien, war zu klein für die Position, die er am besten von allen spielte, und er war zu wenige für die Positionen, die er einnehmen konnte, nämlich alle fünf auf dem Basketballplatz. Er warf von der Dreierlinie Bälle in den Korb, wie es einer seiner Größe theoretisch niemals könnte. Sie sehen schon, worauf ich hinauswill. Ich weiß, es ist ein kleines Land und seine jüngste und ganze Geschichte ist nicht leicht. Die Menschen, die zu diesem Land gehören, sind ebenfalls alles andere als leicht, sie sind Markierte, markiert von der Landschaft, den Winden und Meeren, markiert von den Mitmenschen, der europäischen Geschichte und dem engen Raum. Doch allem voran ist Kroatien das eigentliche Land der unbegrenzten Möglichkeiten. Das verrate ich jetzt nur Ihnen. Und ich garantiere, so wahr mir der Meeresgott helfe: Das Ministerium für Tourismus hat mich nicht dafür bezahlt.